A diferença deste livro para ou[tros ...] preocupação em se aproximar dos autores do Novo Testamento em seus próprios termos quando estes citam passagens do Antigo Testamento. Dessa forma, Tiago Oliveira procura evitar o anacronismo de se tentar entender os autores do século I à luz de uma hermenêutica judaica que se desenvolveu posteriormente e cujas fontes datam de séculos subsequentes aos documentos do Novo Testamento. Entender como o autor de Hebreus aborda o Antigo Testamento e o usa em sua obra é indispensável para que compreendamos, além disso, de que maneira os demais autores do Novo Testamento se valem das Escrituras de Israel. A obra que o leitor tem em mãos é uma ferramenta preciosa para todo pastor, exegeta, pregador e teólogo envolvido com os estudos bíblicos.

Augustus Nicodemus (PhD, Westminster Theological Seminary), pastor presbiteriano; autor de *Profetas: a Profecia na Bíblia e na Igreja*.

Este livro de Tiago Oliveira sobre o uso do Antigo Testamento em Hebreus é um guia claro, balanceado e útil que ajudará cristãos de diversas linhas a se engajar com esse importante escrito do Novo Testamento. Você não pode ler Hebreus sem notar as citações e alusões ao Antigo Testamento em praticamente todos os parágrafos. Porém, o "porquê", o "como" e o "e daí?" desse fenômeno intrabíblico são altamente debatidos. Este livro mostra como a dupla autoria da Escritura (Deus e os escritores proféticos) deve guiar a maneira como abordamos questões relativas ao uso do Antigo no Novo Testamento; como o autor de Hebreus vê o Antigo Testamento como "história redentiva", a qual agora está sendo cumprida em Jesus Cristo e seu povo; e como a virada de eras após a ressurreição introduz tanto uma continuidade quanto uma descontinuidade na história da obra salvífica de Deus. Ao longo do caminho, Tiago Oliveira sabiamente lida com algumas abordagens improdutivas quanto ao uso apostólico do Antigo Testamento, além de prover opções que são melhores e podem ajudar o leitor moderno não apenas a confiar mais em sua Bíblia, mas também a se tornar um leitor melhor dela.

Gregory R. Lanier (Ph.D., Universidade de Cambridge), professor associado de Novo Testamento no Reformed Theological Seminary (Orlando, EUA).

As recentes publicações sobre o uso do Antigo Testamento no Novo têm sido uma consoladora tendência, contribuindo para a necessária recuperação do padrão de continuidade entre os testamentos. Esses esforços no campo da

Teologia Bíblica contribuem para uma leitura capaz de nos levar a enxergar com beleza ainda maior os atos divinos por toda história da revelação. Nessa consoladora tendência, a Editora Fiel traz ao público a obra Sombras de Cristo, de Tiago Oliveira, cujo objetivo é projetar luz ainda maior para uma adequada e melhor compreensão daquela que, para João Calvino, ao lado de Romanos, é a mais importante epístola do Novo Testamento: Hebreus. Recomendo sua leitura.

Paulo Valle, pastor da Igreja Batista do Redentor (Volta Redonda, RJ); professor de Grego, Novo Testamento e Práticas Discursivas no Seminário Martin Bucer.

O Senhor Jesus declara que veio "não para abolir a Lei e os Profetas, mas para cumpri-los." Com essas palavras, ele confirma a unidade das Escrituras e a continuidade da revelação divina. Poucos exercícios são mais frutíferos do que identificar Jesus Cristo em ambos os testamentos. O livro que você tem em mãos lida com a importância de se ler o Novo Testamento como continuação da revelação de Deus, usando como exemplo o uso que o autor de Hebreus faz do Antigo Testamento. Espero que esta leitura o desafie a vir às Escrituras e ver Aquele a respeito de quem escreveram Moisés e os Profetas.

Diego dy Carlos Araújo (PhD, London School of Theology), professor pesquisador de Estudos Bíblicos no SETECEB.

Os verdadeiros crentes amam a Bíblia. É sempre um deleite para os fiéis seguidores de Jesus que uma passagem da Escritura se torne cristalina como água. Porém, em muitos momentos, o estudante da Bíblia encontra-se na mesma situação do eunuco etíope, precisando de alguém que lhe explique o texto. Esta obra preciosa do querido pastor Tiago Oliveira oferece muito mais que explicação sobre passagens; ela entrega um caminho para a compreensão do uso que os autores do Novo Testamento fazem do Antigo Testamento, instruindo discípulos aplicados a terem interpretações precisas. Fruto do trabalho de um pastor-mestre, encontra-se aqui o rigor acadêmico a serviço da piedade e da edificação dos santos. Se você ama a Bíblia, este livro é para você.

Rubner Durais, pastor na Igreja Batista da Graça (São José dos Campos, SP); coordenador do Ministério Adote um Pastor; professor e tutor no Seminário Martin Bucer.

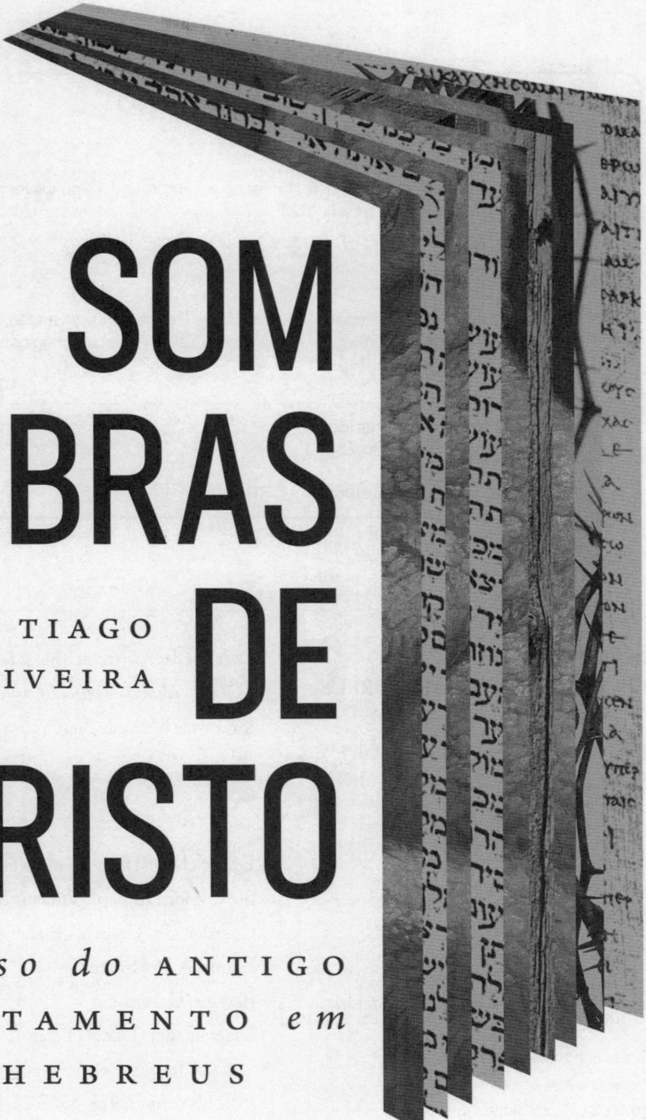

SOM BRAS DE CRISTO

TIAGO OLIVEIRA

O uso do ANTIGO TESTAMENTO *em* HEBREUS

Dados Internacionais de Catalogação na Publicação (CIP)
Angelica Ilacqua CRB-8/7057

Oliveira, Tiago
  Sombras de Cristo : o uso do Antigo Testamento em Hebreus / Tiago Oliveira. – São José dos Campos, SP : Editora Fiel, 2023.

Inclui bibliografia
ISBN 978-65-5723-295-8

1. Bíblia A.T – Crítica e interpretação. 2. Bíblia N.T. – Crítica e interpretação 3. Bíblia. N.T. Hebreus – Crítica e interpretação. 4. Hermenêutica – Aspectos religiosos I. Título.

23-172073   CDD-220.61

Índices para catálogo sistemático:
1. Bíblia : Crítica e interpretação 220.61

Eliane de Freitas Leite - Bibliotecária - CRB 8/8415

SOMBRAS DE CRISTO: O USO DO ANTIGO TESTAMENTO EM HEBREUS

Copyright © 2023 por Tiago Oliveira. Todos os direitos reservados.

∎

Copyright © 2023 Editora Fiel
Primeira edição em português: 2023

Todos os direitos em língua portuguesa reservados por Editora Fiel da Missão Evangélica Literária.

PROIBIDA A REPRODUÇÃO DESTE LIVRO POR QUAISQUER MEIOS SEM A PERMISSÃO ESCRITA DOS EDITORES, SALVO EM BREVES CITAÇÕES, COM INDICAÇÃO DA FONTE.

Os textos das referências bíblicas foram extraídos da Versão Almeida Revista e Atualizada, 2ª ed. (Sociedade Bíblica do Brasil), salvo indicação específica.

∎

Editor-chefe: Tiago J. Santos Filho
Supervisor Editorial: Vinicius Musselman Pimentel
Coordenador Gráfico: Gisele Lemes
Editor: André Soares
Revisor: Gabriel Lago
Diagramador: Jonatas Belan
Capista: Jonatas Belan
ISBN brochura: 978-65-5723-295-8
ISBN e-book: 978-65-5723-296-5

Caixa Postal 1601
CEP: 12230-971
São José dos Campos, SP
PABX: (12) 3919-9999
www.editorafiel.com.br

SUMÁRIO

Abreviaturas 6
Introdução 7

SEÇÃO 1 – UMA ALTA VISÃO DAS ESCRITURAS EM HEBREUS
1. A teologia da revelação em Hebreus 15
2. As fórmulas introdutórias em Hebreus 25
3. A historicidade do Antigo Testamento em Hebreus ... 31
4. A solidariedade corporativa em Hebreus 39

SEÇÃO 2 – A INTERPRETAÇÃO DO ANTIGO TESTAMENTO EM HEBREUS
5. A dupla autoria 47
6. O *sensus plenior* 53
7. A tipologia 63
8. A (des)continuidade entre o Antigo Testamento
   e o Novo Testamento 69
9. Os usos do Antigo Testamento em Hebreus 79

Conclusão 83
Citações do Antigo Testamento em Hebreus 87
Bibliografia 127

ABREVIATURAS

AT	Antigo Testamento
ARA	Bíblia Almeida Revista e Atualizada
AUSDDS	Andrews University Seminary Doctoral Dissertation Series
BSac	*Bibliotheca Sacra*
BTCP	Biblical Theology for Christian Proclamation
CBR	*Currents in Biblical Research*
CJT	*Canadian Journal of Theology*
IBS	*Irish Biblical Studies*
JBL	*Journal of Biblical Literature*
JETS	*Journal of The Evangelical Theological Society*
LXX	Septuaginta
NA28	Novum Testamentum Graece (ed. Nestle-Aland), 28ª ed.
NICNT	New International Commentary on the New Testament
NT	Novo Testamento
NTS	*New Testament Studies*
PNTC	Pillar New Testament Commentary
ScrBul	*Scripture Bulletin*
SEvang	*Studia Evangelica*
SHS	Scripture and Hermeneutics Series
SNTSMS	Society for New Testament Studies Monograph Series
TM	Texto Massorético
TynBul	*Tyndale Bulletin*
WTJ	*Westminster Theological Journal*

INTRODUÇÃO

No campo dos estudos bíblicos, a importância da relação entre o Antigo Testamento (AT) e o Novo Testamento (NT) dificilmente pode ser subestimada. Não é preciso ser um leitor cuidadoso do NT para perceber que ele está cheio de citações do AT e alusões a ele. Embora o número exato seja um ponto de debate, os estudiosos estimam cerca de 295 citações do AT[1] no NT. Isso significa que "um a cada 22,5 versículos do Novo Testamento é uma citação".[2] A contagem de alusões[3] ao AT varia em torno de 600 a 1.650,[4] dependendo do estudioso e de sua definição precisa. Possíveis ecos[5] são de um número ainda maior, mas os ecos são difíceis de definir e discernir. Portanto, um estudo cuidadoso do NT é impossível sem o estudo do uso do AT pelos seus autores,

---

1. "Uma citação é uma menção direta de uma passagem do AT que é facilmente reconhecível por seu paralelismo verbal claro e único. Muitas dessas citações são introduzidas por uma fórmula. Outras citações sem tais indicações introdutórias são tão obviamente paralelas a um texto do AT, que claramente uma citação é feita (por exemplo, veja Gl 3.6; Ef 6.3)" (G. K. Beale, *Handbook on the New Testament Use of the Old Testament: Exegesis and Interpretation* [Grand Rapids: Baker Academic, 2012], p. 29).

2. Roger Nicole, "The New Testament Use of the Old Testament", em *The Right Doctrine from the Wrong Texts?: Essays on the Use of the Old Testament in the New*, G. K. Beale, ed. (Grand Rapids: Baker Academic, 1994), p. 13.

3. "Uma 'alusão' pode simplesmente ser definida como uma breve expressão conscientemente pretendida por um autor para ser dependente de uma passagem do AT" (ibid., p. 31). Como uma alusão é mais difícil de definir e identificar objetivamente, o número de alusões varia muito de um estudioso para outro.

4. Ver Ibid.

5. "Um eco é uma alusão possivelmente dependente de um texto do AT, em distinção a uma referência que é clara ou provavelmente dependente" (ibid., p. 32).

uma vez que os autores do NT pressupõem, constroem e veem sua mensagem como o cumprimento do AT.

Tem havido um crescente interesse no estudo do uso do AT no NT nas últimas décadas.[6] Nessa área de estudo, o livro de Hebreus é de particular interesse. Como Cockerill conclui corretamente, "[o] Antigo Testamento é o 'osso e a medula' de Hebreus. Do começo ao fim, esse livro é um 'sermão' expositivo que se baseia na interpretação cuidadosa do AT."[7] Portanto, "[com] boas razões, o livro recentemente foi chamado de a 'Cinderela' dos estudos do NT,[8] mas seu astuto estudioso criou o que pode ser chamado de 'Rainha' quando se trata do uso do AT no NT."[9] De forma abundante e ampla, o livro de Hebreus cita o AT, alude a ele e o ecoa.[10] Ele cita pelo menos 11 livros do AT[11] — do Pentateuco aos livros históricos, dos profetas (tanto maiores quanto menores) à literatura sapiencial. É nesse livro que se encontra a citação mais longa do AT no NT (Hb 8.8-12, citando Jr 31.31-33). De particular interesse é o uso do livro dos Salmos, que corresponde a quase metade das citações encontradas na Epístola aos Hebreus.

Além disso, Hebreus é de particular interesse não apenas pela extensão de seu uso do AT, mas também porque o livro é único em seu uso do AT quando comparado com outros escritos do NT.

---

6. Longenecker diz que "um indicador um tanto mecânico do interesse crescente e da produção acadêmica em rápido crescimento nesse campo de estudo é o fato de que, das aproximadamente 530 entradas em nossa atual 'Bibliografia Selecionada', mais de um terço delas (cerca de 186, contadas de fato) foram publicadas desde 1975, estando muitos estudos significativos inclusos nesse número" (Richard N. Longenecker, *Biblical Exegesis in the Apostolic Period*, 2ª ed. [Vancouver: Regent College Pub, 1999], p. xiii).

7. Gareth Lee Cockerill, *The Epistle to the Hebrews*, NICNT (Grand Rapids: Eerdmans, 2012), p. 41. Essa expressão também é usada por Guthrie (artigo de 2003).

8. J. C. McCullough, "Hebrews in Recent Scholarship", *IBS* 16 (1994): 66.

9. George H. Guthrie, "Hebrews", em *Commentary on the New Testament Use of the Old Testament*, G. K. Beale & D. A. Carson, eds. (Grand Rapids: Baker Academic, 2007), p. 919.

10. Por exemplo, Guthrie conta "37 citações, 40 alusões, 19 casos em que o material do AT é resumido e 13 em que um nome ou tópico do AT é referido" (ibid., p. 919).

11. A contagem exata dependerá da determinação do que deve ser considerado uma citação. Na minha contagem, a Epístola aos Hebreus cita 11 livros do AT. Veja o Apêndice abaixo para uma lista completa de citações do AT em Hebreus.

INTRODUÇÃO

Se a maioria dos autores do NT cita apenas pequenas porções do AT (um ou dois versículos), "a exposição extensa dos textos bíblicos é uma característica da Carta aos Hebreus de uma forma que não é verdadeira em nenhum outro escrito do Novo Testamento."[12] O autor de Hebreus oferece "uma analogia mais próxima da pregação expositiva moderna do que o restante do NT",[13] uma vez que, "mais do que qualquer outro livro do NT, Hebreus, do começo ao fim, prega o AT."[14] Por essas razões, não é difícil reconhecer o lugar importante que a Epístola aos Hebreus ocupa no estudo do uso do AT no NT.

Embora o uso do AT na Epístola aos Hebreus tenha sido objeto de extenso estudo,[15] isso não resultou, como é comum nos meios acadêmicos, em conclusões definitivas. As disputas são tantas, que, mesmo entre aqueles que têm uma visão elevada das Escrituras, "nenhuma área hermenêutica gera mais discussão do que a relação entre os testamentos."[16] No tocante a isso, é

---

12. Richard Thomas France, "The Writer of Hebrews as a Biblical Expositor", *TynBul* 47, n. 2 (1996), p. 272.
13. Ibid., p. 246.
14. George H. Guthrie, "Hebrews", p. 923.
15. Entre os mais influentes, veja G. B. Caird, "The Exegetical Method of the Epistle to the Hebrews", *CJT* 5/1: 44-51, 1959; M. Barth, "The Old Testament in Hebrews: An Essay in Biblical Hermeneutics", *Current Issues in New Testament Interpretation: Essays in Honour of Otto A. Piper*, W. Klassen & G. F. Snyder, eds. (Londres: SCM Press, 1962), p. 53-78; A. T. Hanson, "Christ in the Old Testament According to Hebrews", *SEvang* 2, 1964: 393-407; K. J. Thomas, "The Old Testament Citations in Hebrews", *NTS* 11, 1964/65: 303-25; F. Schroger, *Der Verfasser des Hebraerbruefes als Schriftausleger* (Regensburg: Pustet, 1968); J. C. McCullough, "The Old Testament Quotations in Hebrews", *NTS* 26, 1980: 363-79; D. F. Leschert, *Hermeneutical Foundations of Hebrews: A Study in the Validity of the Epistle's Interpretation of Some Core Citations From the Psalms* (Nova York: Edwin Mellen Press, 1994); S. Motyer, "The Psalm Quotations of Hebrews 1: A Hermeneutic-Free Zone?", *TynBul* 50.1 (1999): 3-32; G. H. Guthrie, "Hebrews' Use of the Old Testament: Recent Trends in Research", *CBR* 112 (2003): 271-94; Graham Hughes, *Hebrews and Hermeneutics: The Epistle to the Hebrews as a New Testament Example of Biblical Interpretation*, SNTSMS, vol. 36 (Cambridge: Cambridge University Press, 2004).
16. Darrell L. Bock, "Evangelicals and the use of the Old Testament in the New: Part 1", *BSac* 142, n. 567 (1985): 209-23. Para uma introdução às discussões sobre o uso do Antigo Testamento no Novo, veja Steve Moyise, *Jesus and Scripture: studying the New Testament use of the Old Testament* (Grand Rapids: Baker Academic, 2011); Moyise, *Paul and Scripture* (Grand Rapids: Baker Academic, 2010); Moyise, *The Old Testament in the New: an introduction* (Londres: Bloomsbury T & T Clark, 2015); Moyise, *The later New Testament writings and Scripture: the Old Testament in Acts, Hebrews, the Catholic Epistles and Revelation* (Grand Rapids: Baker Academic, 2012). Ver também G. K. Beale, *The Right Doctrine from the Wrong Texts?: Essays on the Use of the Old Testament in the New* (Grand Rapids: Baker Books, 1994); Kenneth Berding & Jonathan Lunde, eds., *Three Views on the New Testament use of the Old Testament* (Grand Rapids: Zondervan, 2008).

importante observar que, como bem aponta Hughes, "a grande maioria dos tratamentos desse tema em Hebreus não intentou mais do que estudos 'descritivos', tais como do texto do Antigo Testamento usado pelo autor ou de sua relação com outras escolas da tradição exegética de seu tempo (filônica, tanaítica ou de Qumran)."[17] Portanto, estou também convencido de que "a abordagem mais frutífera pode não se dar por aqueles caminhos já bem conhecidos, ou seja, pela análise das técnicas de exegese empregadas, mas pelo exame das estruturas dentro das quais sua teologia da revelação funciona e que lhe permitem alcançar o que ele tem."[18]

Em vista dos trabalhos já desenvolvidos acerca do estudo do uso do AT na Epístola aos Hebreus, meu objetivo neste livro é focalizar principalmente a teologia da revelação do autor. Estou convencido de que a maioria dos estudiosos falha em abordar os escritores do NT em seus próprios termos. Em vez de partir de nosso ponto de vista contemporâneo e de nossas preocupações modernas, os estudiosos deveriam deixar que os autores primeiro estabelecessem os termos de sua própria estrutura hermenêutica. Parece-me que, em grande parte dos trabalhos acadêmicos, há uma tendência de impor expectativas contemporâneas ou as últimas tendências no campo de estudo e buscar adequar o autor a esses termos preconcebidos. Parece haver uma certa reconstrução histórica descontrolada, impulsionada pela última tendência no campo, que leva a uma espécie de "paralelomania" entre os autores bíblicos e outras escolas de pensamento. Termos como "filônico", "pesher", "midráshico" e outros tipos de escolas de interpretação são usados quase levianamente, como

---

17. Graham Hughes, *Hebrews and Hermeneutics*, p. 157.
18. Ibid., p. 35.

INTRODUÇÃO

se pudessem encapsular tudo o que há para dizer sobre o uso do AT pelos autores do NT.

Uma vez que a maior parte do trabalho acadêmico tem se concentrado no uso textual do AT ou na comparação com outras escolas de interpretação do judaísmo do Segundo Templo, concentrar-me-ei, em vez disso, na teologia da revelação do autor de Hebreus (principalmente com base em Hb 1.1-4) no capítulo 1 deste livro. Em seguida, no capítulo 2, lidarei com as fórmulas que introduzem as citações do AT em Hebreus, as quais são muito reveladoras quanto à maneira como o autor se relacionava com as Escrituras do AT.

Então, no capítulo 3, este estudo lidará com a posição do autor de Hebreus sobre a historicidade dos textos do AT e, em seguida, no capítulo 4, com o conceito de solidariedade corporativa desenvolvido em Hebreus. Finalmente, apresentarei uma rápida visão geral das várias maneiras como o AT é usado pelo autor de Hebreus.

Com base nas conclusões que forem feitas até esse ponto, este livro se aventurará por algumas das questões do uso do AT no NT, a saber, a dupla autoria do AT (capítulo 5), o conceito de *sensus plenior* (capítulo 6) e a tipologia (capítulo 7). Por fim, este trabalho interagirá com algumas das abordagens sobre a questão do uso do AT no NT, lidando mais extensamente com a chamada escola hermenêutica judaica (capítulo 8), e delineará quais são os diferentes usos que o AT possui em Hebreus (capítulo 9).[19] Espero que esta obra coopere para lançar um pouco de luz sobre algumas questões que tem deixado o povo evangélico confuso:

---

19. Ver Darrell L. Bock, "Evangelicals and the use of the Old Testament in the New: Part 1", p. 209-23. Ver também Bock, "Evangelicals and the use of the Old Testament in the New: Part 2", *BSac* 142, n. 568 (1985): 306-19.

a Bíblia, de fato, é inerrante em tudo, até mesmo no método exegético que nos apresenta? Em outras palavras, podemos seguir a maneira como os autores do NT interpretavam o AT? Buscarei argumentar que não apenas podemos imitar-lhes a exegese, mas que devemos fazê-lo. A Bíblia é autoritativa e inerrante em todo assunto que toca, inclusive no método de interpretação da própria Bíblia. A Escritura interpreta a si mesma.

Tiago Oliveira
Agosto de 2023
Lisboa, Portugal

SEÇÃO 1

UMA ALTA VISÃO DAS ESCRITURAS EM HEBREUS

CAPÍTULO 1

A teologia da revelação em Hebreus

"Às vezes precisamos nos lembrar de que os autores do NT não teriam entendido o AT com relação a qualquer das ortodoxias histórico-críticas dominantes do último século e meio."[1] Creio que muitos concordariam com esse aviso. No entanto, parece-me que o reconhecimento de que os autores do NT não são homens modernos e não seguiram as ortodoxias acadêmicas de nosso tempo frequentemente carrega mais do que uma conotação temporal. Quando os estudiosos mencionam o fato de que os escritores do Novo Testamento eram homens de seu próprio tempo, geralmente transmitem mais o sentimento de condescendência, uma espécie de compaixão pelo que é inferior. Estudiosos modernos reconhecem a necessidade de se entenderem os autores do NT em seus próprios termos (buscando identificar seus próprios princípios hermenêuticos); porém, parece-me que, muitas vezes, esse reconhecimento é acompanhado pela expectativa de que haja algum tipo de interpretação imprópria e

---

1. G. K. Beale & D. A. Carson, "Introduction", em *Commentary on the New Testament Use of the Old Testament*, G. K. Beale & D. A. Carson, eds. (Grand Rapids: Baker Academic, 2007), p. xxviii.

descontextualizada dos textos do AT por parte dos escritores do NT. O que quero dizer é que a erudição moderna não deve tratar os escritores do Novo Testamento de maneira condescendente, correndo o risco de interpretar mal o significado do texto e sua estrutura hermenêutica.

Essa abordagem é comum especialmente quando os autores do NT usam o AT de maneira menos direta, isto é, quando o significado que atribuem ao texto do AT não é evidente de imediato. Os estudiosos devem ter cuidado para evitar deturpações, mesmo que aqueles que deturpamos já tenham falecido há muito tempo. Não se deve presumir a incompetência de um autor simplesmente porque ele não segue um arcabouço hermenêutico moderno na leitura de outro texto. Ironicamente, foram os estudiosos modernos que se mostraram incompetentes para entender os métodos dos autores bíblicos. Não faz muito tempo que os estudiosos concluíram que o uso que o livro de Hebreus faz do AT era apenas um reflexo das escolas filônicas de interpretação. Os métodos dos autores bíblicos podem ser estudados e questionados, mas tal escrutínio só deve ocorrer quando os autores do NT puderem falar em seus próprios termos.

Não é preciso ler muito para encontrar afirmações explícitas sobre a teologia da revelação do autor de Hebreus. O chamado prólogo da Epístola aos Hebreus revela aquilo em que o autor acredita sobre a revelação de Deus no tempo. O prólogo é de tal importância, que se pode dizer que o restante da carta é a aplicação e o desdobramento das principais verdades e princípios expostos nos seus quatro primeiros versículos. Hebreus começa com duas pressuposições: primeiro, existe um Deus; segundo, Deus fala — ele revela a si mesmo e a seus planos. Essas duas verdades simples são o fundamento de toda a epístola. Porque existe um Deus que fala, suas palavras devem ser ouvidas e compreendidas. Essas verdades afirmadas no prólogo têm grande repercussão para o propósito do presente livro.

O autor de Hebreus pressupõe um Deus que se revela de forma sobrenatural. O sobrenatural não está explícito, mas implícito no texto, pois o autor afirma o AT como a revelação de Deus feita pelos profetas (porta-vozes de Deus). O autor de Hebreus não apenas sustenta a existência de Deus e sua revelação, mas também sua soberania sobre a história. O que está registrado no AT é a revelação que Deus faz de si mesmo e de suas obras. Isso é visto no fato de que o que torna o Filho único em sua revelação é o fato de ele ser "o resplendor de sua glória e a representação exata de sua natureza" (1.3). O que Deus falou pelos profetas e está registrado no AT é a revelação que Deus faz de si mesmo na história, na qual ele é o Senhor que cria e sustenta. Como será desenvolvido a seguir, o autor dessa epístola lê e interpreta o AT como a revelação sobrenatural de Deus ao longo da história. Assim, o AT pode ser chamado apropriadamente de história redentiva, visto que o AT é a história da revelação progressiva que Deus faz de si mesmo e de sua obra redentiva.

A respeito da revelação de Deus, observamos algo peculiar na Epístola aos Hebreus. Há uma abundância de citações em que a fórmula introdutória apresenta as palavras como faladas, e não como escritas. Esse fato não significa que o autor de Hebreus dependa principalmente da tradição oral em seu uso do AT. O autor está bem ciente de que as palavras foram escritas. Em geral, aceita-se que o texto escrito do AT é de grande importância para o autor de Hebreus. Isso não está em questão aqui. Basta estudar o uso textual da citação do AT em Hebreus para concluir a importância que a tradução escrita grega teve para o autor e seus leitores. Todavia, o fato de o autor preferir referir-se aos textos como palavras que foram ou são ditas tem um significado teológico, que indica também as suas convicções e abordagem hermenêutica (veracidade, confiabilidade, pertinência...). Logo, "há uma grande suposição: Jesus e os apóstolos acreditavam que as Escrituras do AT eram 'sagradas' e eram a Palavra de Deus. Portanto, toda discussão teológica autoritativa tinha de se basear nesse sagrado corpo de literatura e proceder dele."[2]

Outra importante pressuposição fundamental em Hebreus inclui tanto as continuidades quanto as descontinuidades na revelação de Deus. Primeiro, há continuidades. O Deus que falou no passado é o mesmo que fala no presente. Além disso, a mensagem anunciada pelos profetas aos pais no passado é a mesma mensagem que Deus fala no presente. Esse aspecto da continuidade será desdobrado ao longo da epístola. O autor de Hebreus acredita que os textos do AT são a verdade revelada de Deus, de maneira que carregam uma autoridade permanente e universal. Os textos do AT permanecem verdadeiros e relevantes para a situação contemporânea do autor. Logo, deve-se ressalvar, como afirmado acima, que o autor lê os textos do AT como sagrados.

Segundo, há descontinuidades na revelação de Deus. O autor apresenta dois contrastes principais — um de tempo e outro de forma. Primeiro, há um contraste de tempo: "há muito tempo" (1.1) e "nestes últimos dias" (1.2). Em segundo lugar, há um contraste de forma: "muitas vezes e de muitas maneiras [...] pelos profetas" (1.1) e "pelo seu Filho" (1.2). Embora não esteja explícita, a diversidade de tempos e formas do passado é contrastada com o tempo singular e a forma como Deus se revelou nos últimos dias.

---

2. G. K. Beale, *Handbook on the New Testament Use of the Old Testament*, p. 95-96.

Essa diversidade contraposta à singularidade é sintetizada pelo contraste entre os profetas e o Filho. "A revelação na era anterior foi diversa e parcial, mas a revelação no Filho é unitária e definitiva."[3] O Filho é melhor e único tanto por sua pessoa quanto por sua obra. "Ele é o resplendor da sua glória [de Deus] e a representação exata da sua natureza" (1.3). Quanto a suas obras, primeiro, o Filho é aquele por meio de quem Deus fez o mundo, o que o coloca numa posição única, tanto na afirmação de sua preexistência quanto na de cocriador com Deus. Em segundo lugar, o Filho não estava apenas envolvido na criação do mundo; ele também é aquele que "sustenta todas as coisas pela palavra do seu poder" (1.3). Em terceiro lugar, o Filho é aquele por quem Deus realiza todos os seus planos salvíficos, aquele que "fez a purificação dos pecados" (1.3). Finalmente, o Filho é o herdeiro de todas as coisas, aquele que "se assentou à direita da Majestade nas alturas" (1.3). Tanto a divindade quanto a humanidade do Filho são afirmadas no prólogo. Ele é único em sua pessoa. Hebreus apresenta esse paradoxo de que o Filho é aquele que "foi feito herdeiro daquilo que ele, como agente de Deus, criou."[4]

Esse paradoxo é visto no cristianismo primitivo e explica as razões pelas quais o Salmo 110 é o capítulo do AT mais citado no NT. Esse salmo foi utilizado pelo próprio Jesus para questionar os fariseus: "Se, pois, Davi o chama Senhor, como é ele seu filho?" (Mt 22.45). Para o autor de Hebreus, o Filho é Deus e homem, e suas duas naturezas são essenciais para a obra redentora de Deus. Sua humanidade é indispensável para a purificação dos pecados,

---

3. Thomas R. Schreiner, *Commentary on Hebrews*, BTCP, vol. 36 (Nashville: B&H Publishing Group, 2015), p. 54.
4. Harold W. Attridge, *The Epistle to the Hebrews: A Commentary on the Epistle to the Hebrews*, Hermeneia, vol. 58 (Filadélfia: Fortress Press, 1989), p. 41.

em seu papel de sumo sacerdote (1.3; cf. 2.17-18; 4.14-16).⁵ Sua divindade o coloca em pé de igualdade com Deus quanto ao status, tempo, poder e função. O Filho está acima dos anjos (1.4 ss.), é preexistente e criador do mundo (1.2; cf. Jo 1.1, 3; Cl 1.16), sustenta o universo (1.3; cf. Cl 1.17), é o herdeiro de todas as coisas (1.2; cf. Mt 28.18) e é a revelação perfeita de Deus (1.3; Jo 1.18; 14.9; Cl 1.15).

Devemos notar que o contraste entre a revelação de Deus dada pelos profetas antigos e aquela efetuada pelo Filho não é negativo. O autor de Hebreus não diz que os profetas antigos eram maus, enquanto o Filho é bom. Em vez disso, seu foco principal, como será desenvolvido ao longo da carta, é a superioridade do Filho. Assim como se lê no capítulo 3, Moisés foi fiel na casa de Deus (3.5), mas Jesus é um Moisés melhor, porque "Cristo é fiel sobre a casa de Deus como um Filho" (3.6). Nessa epístola, o autor apresenta Cristo como a revelação perfeita e definitiva de Deus, contrastando com a revelação de Deus no passado, mas, ao mesmo tempo, dando-lhe continuidade. Desse modo, o contraste entre os profetas e o Filho no prólogo se move do bom para o melhor, do velado para o claro, do incompleto para o completo, do insuficiente para o perfeito. Trata-se de uma relação de promessa-cumprimento, antecipação-culminação. Como observa Longenecker, "enquanto não há o uso do termo 'cumprimento', o conceito de cumprimento — ou, mais apropriadamente, de 'consumação' — é claramente inerente a tal afirmação. A carta inteira, de fato, é estruturada de acordo com um motivo de 'antecipação-consumação.'"⁶

---

5. Como Attridge aponta, "embora a terminologia do sumo sacerdote e a referência explícita à cruz estejam ausentes aqui, uma característica essencial da obra sacerdotal de Cristo é esboçada neste lugar" (ibid., p. 45).
6. Longenecker, *Biblical Exegesis in the Apostolic Period*, p. 155.

O tema do cumprimento de promessas, tendo Jesus como a consumação de todas as promessas de Deus e da obra histórico-redentiva, é visto ao longo do livro. No prólogo, Jesus é apresentado como a revelação perfeita e final. O Filho é o cumprimento de todas as promessas e expectativas de Deus no passado. Isso também pode ser visto pelo uso da expressão "nestes últimos dias" (ἐπ' ἐσχάτου τῶν ἡμερῶν τούτων; cf. Gn 49.1; Nm 24.14; Dt 4.30; Is 2.2; Jr 23.20). Os últimos dias representam o ponto culminante e o cumprimento das promessas de Deus a seu povo, e o autor da Epístola aos Hebreus mostra que esse ponto culminante ocorreu na pessoa do Filho. Essa perspectiva escatológica e a centralidade do Filho são fundamentais para a epístola e para o uso feito do AT pelo autor, além de, em outras partes do NT, representarem uma crença compartilhada (1Co 10.11).

Assim, "fundamental para suas exposições [do autor de Hebreus] é a convicção, tão memoravelmente estabelecida na abertura da carta, de que Deus falou sua última e perfeita palavra em Jesus, bem como de que tudo o que foi escrito no Antigo Testamento deve ser entendido em relação ao seu cumprimento no Filho."[7] Na perspectiva do autor sobre a revelação de Deus, tanto em suas continuidades quanto em suas descontinuidades, há uma progressão, que é um dos pressupostos hermenêuticos que vemos em Hebreus. Como a revelação perfeita e final de Deus para a humanidade, Deus tem sua última palavra para a humanidade na pessoa do Filho, que representa Deus perfeitamente em sua pessoa e obras. Em última análise, toda a revelação de Deus ao longo do tempo encontra sua referência perfeita e última no Filho. Contudo, essa revelação presente, perfeita e última também

---

7. Richard Thomas France, "The Writer of Hebrews as a Biblical Expositor", p. 268.

implica, como foi mencionado acima, que aquilo que a precedeu foi incompleto e antecipado. O autor de Hebreus vê o AT como preparatório e progressivo em sua revelação. O AT contém tipos, sombras e cópias da realidade (8.5; 9.23-24). A mensagem é a mesma; os tipos, sombras e cópias são uma representação da realidade, mas não são tão claras como a própria realidade. As repercussões na forma como o autor dessa epístola interpreta o AT são significativas para a discussão atual sobre tipologia.

No tocante a isso, também é importante observar que o autor de Hebreus refere que a revelação de Deus no passado foi feita "pelos profetas" (1.1). Hoje em dia, quando se fala de profetas, os principais referentes que se têm em mente são certas pessoas (que chamamos de profetas, como Elias e Eliseu) ou certos livros do AT (profetas maiores e menores). No entanto, em Hebreus, o AT pode ser propriamente chamado de profético em sua natureza, assim como todos os seus autores podem ser designados como profetas. Como porta-vozes de Deus, eles eram o instrumento de Deus para registrar a revelação do próprio Deus. Essa revelação foi dada muitas vezes e de muitas maneiras, mas tudo contribuiu para a revelação progressiva de Deus. Visto que o AT possuía natureza antecipatória, o autor de Hebreus entende que todo esse conjunto de textos se cumpriu em Cristo. O que foi previsto no passado é consumado hoje. Logo, o NT não apenas cumpre as previsões explícitas feitas no passado, mas, em vez disso, o AT encontra seu significado último, fim e consumação na pessoa e na obra de Cristo. Portanto, "Hebreus aplicou a Cristo passagens como 2 Samuel 7.14 (Hb 1.5), Salmo 45.6ss. (Hb 1.8ss.), Salmo 22.22 (Hb 2.12) e Salmo 40.6-8 (Hb 10.5-7), como se fossem referências diretas a ele."[8]

---

8. Leonhard Goppelt, *Typos: The Typological Interpretation of the Old Testament in the New* (Grand Rapids: Eerdmans, 1982), p. 162.

Nesse ponto, os leitores modernos devem evitar qualquer tipo de desdém quanto à forma como o autor de Hebreus interpreta o AT. A principal diferença entre a maneira como o autor lê e interpreta o AT e o método histórico-crítico moderno de interpretação não deve ser vista como um contraste entre a velha maneira inadequada e uma abordagem hermenêutica moderna e iluminada. As principais diferenças entre o autor do NT e o método histórico-crítico residem na cosmovisão e na pressuposição acerca dos textos do AT. Uma vez que entendemos aquilo em que o autor de Hebreus acredita sobre revelação e história, "isso nos permite sentir [...] que o AT não contém simplesmente profecias, mas é uma vasta profecia."[9] O AT olha para o futuro, antecipa-o. Nunca há uma sensação de encerramento no desenvolvimento da história. Pelo contrário, a tensão, a frustração e a expectativa crescem à medida que a história se desenvolve. As promessas de Deus nunca são totalmente cumpridas. Houve descanso nos tempos de Josué (Js 11.23; 14.15), mas não um descanso final (Hb 4.8). Moisés foi fiel, mas apenas um servo (3.5). Os sacerdotes eram designados e agiam em nome de Deus, mas também precisavam sacrificar por si mesmos (5.1-3). Os sacrifícios foram designados por Deus e forneciam algum nível de santificação (9.13); contudo, não podiam purificar a consciência (9.9, 14). No AT, há uma crescente frustração com os pecados de Israel (e Judá) e uma crescente expectativa de uma salvação que somente Javé pode alcançar. A Queda e suas consequências nunca são totalmente tratadas.

Assim, à luz da revelação progressiva de Deus, a qual encontra sua consumação na pessoa e obra de Cristo, o autor de Hebreus é capaz de extrair seus ensinamentos sobre Cristo do AT em geral,

---

9. Brooke Foss Westcott, *The Epistle to the Hebrews*, 3ª ed. (Londres: Macmillan, 1903), p. 493.

e não apenas daqueles textos que parecem ser explicitamente proféticos. "Com as exceções de 2 Samuel 7.14, Deuteronômio 32.43 (Septuaginta) e Isaías 8.17-18, todos considerados profecias messiânicas diretas, as porções bíblicas usadas para explicar a natureza da pessoa de Cristo são extraídas inteiramente dos Salmos."[10] O livro dos Salmos ocupa um lugar especial na mente e na argumentação do autor, o que torna o livro dos Salmos o mais citado em Hebreus.[11]

---

10. Longenecker, *Biblical Exegesis in the Apostolic Period*, p. 149.

11. Lista das citações do livro dos Salmos em Hebreus: 1.5a; 5.5b (Sl 2.7b); 1.7b (Sl 104.4); 1.8-9 (Sl 45.7-8); 1.10-12 (Sl 102.26-28); 1.13b (Sl 110.1b); 2.6-8a (Sl 8.5-7); 2.12 (Sl 21.23); 3.15; 4.3, 5, 7 (Sl 95.7b-11); 5.6b; 7.21b (Sl 110.4b); 10.5-7 (Sl 40.7-9a); 10.5-7 (Sl 40.7-9a). Veja o Apêndice para uma análise mais longa dessas citações.

CAPÍTULO 2

As fórmulas introdutórias em Hebreus

As duas principais pressuposições mencionadas no capítulo anterior — de que existe um Deus e de que ele se revelou na história — são apresentadas em fórmulas introdutórias (FIs) às citações do AT. No que tange à autoria e autoridade dos textos do AT, nós nos preocupamos, neste livro, principalmente com a natureza deles. Ao lermos as FIs ao longo de todo o livro de Hebreus, vemos que o foco principal da autoria é atribuído a Deus (ver tabela abaixo). Enquanto, em algumas FIs, o autor não é especificado, a maioria delas atribui a citação a um autor.

Tipo de FI	Referência
Geral	2.6-8; 3.15; 10.37-38; 11.18; 12.5-6, 20
Davi	4.7
Moisés	9.20; 12.21
Atribuída a Deus	1.5-13; 4.3-7; 5.5-6; 6.14; 7.17, 21; 8.5, 8-12; 10.30; 12.26; 13.5
Atribuída ao Filho	2.11-13; 10.5-7; 10.8; 10.9
Atribuída ao Espírito Santo	3.7-11; 10.15-17

A maioria das citações é atribuída a Deus, ao passo que algumas, ao Filho e ao Espírito Santo. Nas FIs, é possível observar várias características que foram afirmadas no prólogo ou inferidas a partir dele. Primeiro, o autor supremo do AT é Deus. O AT é a revelação de Deus dada pelos profetas. Embora os autores materiais do AT fossem homens, uma vez que foram eles que escreveram os textos do AT, o autor de Hebreus vê esses escritos como nada menos que o próprio discurso de Deus. No NT, "fórmulas introdutórias geralmente enfatizam a autoridade divina do Antigo Testamento",[1] e o livro de Hebreus confirma esse padrão.

Além disso, observa-se nas FIs que elas não são atribuídas apenas a Deus, mas também ao Filho e ao Espírito Santo. Essa característica é fascinante, mas não totalmente surpreendente no contexto do que foi afirmado até agora. O Filho já havia sido igualado e distinguido de Deus no prólogo, no qual tanto a divindade quanto a humanidade do Filho foram apresentadas como necessárias na revelação de Deus e nas obras redentivas. O que se vê nas FIs é que o AT, como revelação de Deus pelos profetas, também pode ser atribuído ao Filho e ao Espírito Santo. Essa compreensão trinitária da autoria do AT é peculiar a Hebreus. A recorrência de referências ao Filho e ao Espírito Santo dificilmente pode ser tomada como coincidência. Não se infere daqui que o autor de Hebreus tivesse necessariamente em mente uma teologia trinitária totalmente desenvolvida, como a vemos alguns séculos depois, mas o claro padrão trinitário deve ser observado e levado em consideração. É, portanto, adequado concluir que, além da divindade já estabelecida do Filho, a divindade do Espírito Santo também é

---

1. E. Earle Ellis, *Prophecy and Hermeneutic in Early Christianity*, New Testament Essays (Eugene: Wipf and Stock, 2003), p. 148.

apresentada em Hebreus. Essa conclusão é ainda confirmada pela maneira como um determinado texto é usado de forma intercambiável, isto é, como proveniente de Deus e, ao mesmo tempo, do Espírito Santo. O que Deus disse (10.8) também pode ser atribuído ao Espírito Santo (10.15).[2]

Hebreus raramente atribui a qualquer agente humano, de forma explícita, a autoria do AT. Isso está explícito no prólogo — "pelos profetas" (1.1) —, mas pouco explícito nas FIs. No entanto, nas poucas vezes em que um autor humano é mencionado, são-nos dadas mais informações sobre as crenças do autor quanto à autoria do AT, especialmente no que diz respeito à relação entre o autor humano e o divino, o que ficou conhecido como dupla autoria. Vemos essa dupla autoria evidente em duas FIs — em uma, de forma explícita, enquanto na outra, de maneira implícita. Primeiro, na FI para uma citação do Salmo 95, o texto do AT é atribuído a Deus duas vezes (4.3, 5). No entanto, em Hebreus 4.7, o autor menciona a maneira como Deus revelou essas palavras: "dizendo por Davi" (4.7). Para o autor de Hebreus, o fato de que as palavras registradas no Salmo 95 foram escritas por Davi não obscurece o fato de que seu autor final é o próprio Deus. Davi era o meio; as palavras são de Deus. Em segundo lugar, em Hebreus 9.19-20, a dupla autoria é presumida pelo autor quando se lê: "a lei foi declarada por Moisés [...]." Mais uma vez, assim como no caso de Davi no Salmo 95, Moisés é o instrumento da revelação de Deus, embora as palavras sejam de Deus.

---

2. Como mais um sinal da compreensão trinitária do autor de Hebreus, pode-se ver uma estrutura trinitária em Hebreus 2.3-4, onde Deus, o Senhor (Jesus) e o Espírito Santo são agentes da revelação de Deus e das obras redentoras.

Como mencionado acima, o autor de Hebreus não está alienado do fato de que a causa imediata dos textos do AT foram os seres humanos. Todavia, pode-se dizer que se trata das palavras de Deus, de sorte que carregam a força da autoridade de Deus. A mensagem foi "declarada por anjos" (2.2). Eles eram os arautos, mas a mensagem não era deles. Trata-se da mensagem do próprio Deus. Logo, "a mensagem transmitida por anjos provou a sua firmeza" (2.2, NVI). A mensagem não poderia falhar, pois provinha de Deus. Além disso, ela não é apenas verdadeira, mas autoritativa. "Portanto, prestemos muita atenção ao que ouvimos [...]" (2.1). Se a mensagem é verdadeira e vem de Deus, também as advertências são de peso: "como escaparemos nós, se descuidarmos de tão grande salvação" (2.3). Além de sua veracidade e autoridade, o AT também é eficaz em seu propósito. A Palavra de Deus do AT, justamente por provir de Deus, é "viva, e eficaz, e mais cortante do que qualquer espada de dois gumes, [...] e é apta para discernir os pensamentos e propósitos do coração" (4.12).

Na mesma linha, o fato de o autor de Hebreus ver o AT como palavras de Deus significa que elas não são apenas autorizadas, mas também confiáveis e permanentes. A razão para o aspecto duradouro do AT é que Deus não muda. "Jesus Cristo é o mesmo ontem, hoje e eternamente" (13.8). As palavras dos textos do AT não são um artefato histórico ou mito do qual se possam tirar algumas lições morais. Uma vez que os textos do AT são palavras de Deus, embora tenham sido escritas no passado, elas ainda falam hoje. No contexto da Epístola aos Hebreus, repleta de exortações à fidelidade, a veracidade do AT, sua confiabilidade, autoridade e relevância contínua em todas as épocas são de grande importância. Visto que o autor de Hebreus tira suas conclusões e advertências do AT, o significado dos textos do AT é fundamental para sua eficácia. Não se pode ficar satisfeito com explicações simplistas, as quais implicam que o autor de Hebreus não se preocupava com o significado do AT em seu contexto, porque isso viola seu próprio entendimento dos textos. Mais uma vez, à luz da teologia da revelação do autor, fundamentar um uso descontextualizado do AT no meio cultural de seu tempo não é uma explicação satisfatória.

CAPÍTULO 3

A historicidade do Antigo Testamento em Hebreus

Depois de estabelecer, de acordo com o testemunho encontrado em Hebreus, a natureza dos textos do AT como a Palavra revelada de Deus, a questão da confiabilidade histórica dos textos do AT deve ser determinada. No judaísmo do Segundo Templo, assim como no pensamento grego, era comum que os autores fizessem uso de textos sagrados, independentemente de sua confiabilidade histórica. O uso de textos sagrados como alegorias das quais se pode extrair uma verdade mais profunda com um compasso moral foi uma prática bem atestada e que foi proposta como uma explicação para a maneira como os autores do NT fizeram uso do AT. Portanto, aquilo em que o autor de Hebreus acreditava sobre a historicidade dos textos do AT não é apenas importante, mas é um fator determinante para as conclusões que se podem fazer sobre os usos do AT encontrados em Hebreus. Afirmar que Deus falou muitas vezes e de muitas maneiras não é suficiente para determinar a maneira como a revelação de Deus deve ser interpretada e usada.

A Epístola aos Hebreus está repleta de referências explícitas e implícitas a pessoas, eventos e instituições da história de Israel, seja por citação, seja por alusão. Esse fato é indiscutível. Contudo, há mais que pode ser dito sobre os textos do AT citados ou aludidos em Hebreus. Se alguém seguir os argumentos feitos pelo autor de Hebreus, perceberá que a maioria das afirmações, alegações e exortações que ele faz permanecem ou caem junto com a confiabilidade histórica do AT. Os exemplos são abundantes e nos levam a afirmar com confiança que o propósito que o autor atribui ao livro é colocado sobre os ombros da confiabilidade histórica do AT.

O argumento apresentado nos capítulos 3 e 4 da epístola serve de exemplo. Depois de apresentar Jesus como um novo e melhor Moisés (3.1-6), o autor exorta seu público a ouvir a voz de Deus (3.7). Como base para sua exortação, o autor cita o Salmo 95.7-11. O próprio Salmo é uma exortação feita com base em eventos que estão registrados em Êxodo 17 e Números 20. Vale ressaltar também que uma exortação semelhante já havia sido feita em Deuteronômio 6.16, que é atribuído a Moisés. Porém, o uso básico do Salmo 95 em Hebreus 3 pode ser considerado analógico ou ilustrativo. A desobediência de Israel no deserto e a consequente punição servem de exemplo para os cristãos ouvirem a voz de Deus na pessoa do Filho. Eles não devem "endurecer seus corações *como* foi na provocação" (3.8, ênfase minha). "Cuidado, irmãos" (3.12), diz o autor de Hebreus. Se alguém perguntar qual é o fundamento dessa advertência, a resposta está clara no texto. A punição passada de Deus aos israelitas incrédulos serve como um exemplo histórico prático para aqueles que desobedecem. "Quem foram os que ouviram e se rebelaram?" (3.16), pergunta o autor. Eles eram pessoas reais, num tempo e num espaço reais, "cujos corpos caíram no deserto" (3.17). Logo, "temamos" (4.1; cf. 4.11). Por quê? "Porque também a nós foram anunciadas as boas-novas, *como* se deu com eles" (4.2, grifo meu). Concluímos, então, que a fidedignidade histórica do exemplo dos israelitas incrédulos é indispensável para a eficácia da exortação do autor.

A confiabilidade histórica também é importante para o encorajamento dos cristãos. No passado, Deus fez promessas. Entre elas, Deus fez uma promessa a Abraão (6.13). Em Hebreus, a Nova Aliança estabelecida em Cristo é fundamental para a vida dos crentes. Nesses últimos dias, na pessoa de Jesus, há uma melhor esperança (7.19), uma melhor aliança (7.22; 8.6), melhores promessas (8.6), uma tenda maior e mais perfeita (9.11) e um sacrifício melhor (9.23). Todavia, por que o público acreditaria nas promessas da Nova Aliança e na superioridade delas em relação às anteriores, se as primeiras promessas nunca aconteceram e nunca foram cumpridas? Se as primeiras promessas não fossem historicamente confiáveis, a fé dos leitores seria vã, vazia de qualquer significado. Se Abraão nunca existiu e nunca "obteve a promessa" (6.13), se o Êxodo nunca ocorreu e se Israel nunca tomou posse da terra como um presente de Deus, que tipo de encorajamento e segurança os cristãos podem ter? Se o autor de Hebreus e seus leitores não compartilhassem a crença comum de que os eventos registrados no AT eram históricos, como poderiam ter uma "âncora da alma, segura e firme e que penetra além do véu" (6.19)? Se, por exemplo, Abraão e Melquisedeque não existiram, e Abraão nunca deu o dízimo a Melquisedeque (7.1 ss.), que tipo de sacerdote Cristo pode ser? Se Jesus é como Melquisedeque, um sacerdote que nunca existiu, como pode ser "fiador de uma melhor aliança" (7.22)?

Como Hughes corretamente observa:

> [a] continuidade real que os cristãos compartilham com seus predecessores do Antigo Testamento em sua existência histórica [...] emerge ainda mais claramente no caso dos heróis da fé do Antigo Testamento no capítulo 11. *Aqueles homens e mulheres esperavam exatamente a mesma cidade celestial que os cristãos* (11.10, 13-16; 13.14) [...] pode-se até chamá-los de "cristãos do Antigo Testamento".[1]

Os chamados heróis da fé mencionados no capítulo 11 de Hebreus são chamados de testemunhas, exemplos reais para a vida real: Abel (11.4), Enoque (11.5), Noé (11.7), Abraão (11.8, 17), Isaque (11.9, 17), Jacó (11.9), Sara (11.11), José (11.22), Moisés (11.23), Raabe (11.31), Gideão, Baraque, Sansão, Jefté, Davi e Samuel (11.32), além de referências a outras pessoas e eventos (10.33ss.). Como poderia o argumento do autor de Hebreus ser bem-sucedido, de maneira que os leitores, ao serem exortados à obediência, fossem verdadeiramente encorajados, caso eles não acreditassem que Abel, Enoque, Noé, Abraão, Isaque, Jacó e Sara existiram, assim como receberam as promessas de Deus e creram nelas, servindo-lhes de exemplo? Se esses personagens fossem apenas figuras da imaginação que receberam promessas imaginárias e que nunca realmente esperaram por uma cidade celestial invisível, que tipo de conforto ou confiança os leitores de Hebreus poderiam ter de que Deus era fidedigno? Como poderiam seguir seu exemplo de buscar um lugar celestial, uma pátria melhor, se essas personagens nunca existiram e, portanto, nunca receberam as promessas de Deus? Como eles seriam exortados e

---

1. Hughes, *Hebrews and Hermeneutics*, p. 43.

se sentiriam constrangidos a lembrar-se "dos dias anteriores, em que, depois de iluminados, sustenta[ram] grande luta e sofrimentos; [...] expostos como em espetáculo, tanto de opróbrio quanto de tribulações" (10.32-33)?

A evidência clara que vemos nessa epístola é que o autor de Hebreus compartilhou com seu público a crença de que o AT e as pessoas que ele registra existiam e de que:

> [...] por meio da fé, subjugaram reinos, praticaram a justiça, obtiveram promessas, fecharam a boca de leões, extinguiram a violência do fogo, escaparam ao fio da espada, da fraqueza tiraram força, fizeram-se poderosos em guerra, puseram em fuga exércitos de estrangeiros. Mulheres receberam, pela ressurreição, os seus mortos. Alguns foram torturados, não aceitando seu resgate, para obterem superior ressurreição. (11.33-35)

Os exemplos são tantos e tirados tão amplamente do AT, que podemos concluir com segurança que o autor de Hebreus e seu público acreditavam que o AT era historicamente confiável. Para a determinação do uso do AT pelo autor, é de importância secundária se o estudioso moderno acredita nisso ou não. Para o autor dessa epístola e seu público, a confiabilidade do AT era importante, uma vez que tinha repercussões muito práticas em suas vidas diárias. O livro de Hebreus não é um ensaio abstrato sobre os textos do AT.

O livro de Hebreus foi escrito para pessoas reais em um contexto particular, um contexto no qual suas crenças podem levar à perseguição e ao sofrimento (10.32). Se o público original desse ouvidos às exortações contidas na epístola, poderia ter de enfrentar a perda de sua propriedade (10.34). No entanto, de acordo com Hughes, "a maioria dos exegetas pensa que a maneira como a citação é 'levantada' de seus contextos do Antigo Testamento e trazida para o Novo Testamento indica uma compreensão dos textos como atemporais, a antítese exata de uma compreensão histórica."[2] Com base no que foi dito, eu não poderia estar em maior desacordo. Estou convencido de que a lógica apresentada por Hughes deve ser invertida. Em vez de deduzir uma suposta compreensão dos textos do AT como atemporais, devido a uma conclusão anterior acerca de um uso não contextualizado dos textos do AT (que é inferido do texto, mas nunca afirmado pelo autor), os estudiosos devem partir da teologia da revelação do autor (que é afirmada tanto de maneira explícita quanto implícita no texto) e, a partir desse ponto de partida, inferir como se deve esperar que o autor interprete e use o AT. Seguindo essa metodologia, a conclusão é a oposta e está, acredito, em maior acordo com a posição do autor. Como afirmado acima, a historicidade, o significado original e o contexto dos textos do AT não são apenas importantes, mas necessários para a argumentação do livro. A suposta arbitrariedade do uso do AT não se encaixa com o autor da teologia da revelação de Hebreus nem com seu uso do AT no argumento. A historicidade dos eventos (pessoas reais em determinado tempo, local e contexto cultural) é central no entendimento do autor de Hebreus sobre a revelação.

    Toda a revelação de Deus é histórica. Deus falou no tempo para pessoas reais no contexto de eventos reais. Sem essa crença, todo o argumento do livro de Hebreus não tem sentido, porque depende da certeza de que Deus falou por meio dos profetas e fala agora. Isso deveria levar a um questionamento das conclusões

---

2. Ibid., p. 63.

rápidas sobre a maneira como o autor de Hebreus descontextualizou o uso do AT. Caso se prove que a historicidade dos acontecimentos é falsa, o argumento teria a mesma força de alertar alguém hoje de que, se mentir, o seu nariz crescerá, assim como aconteceu com Pinóquio. Pelo contrário, o autor de Hebreus constrange fortemente os leitores com base nos grandes atos de julgamento e salvação do passado, os quais ele toma como fundamento tanto das advertências quanto dos encorajamentos que profere para hoje, com a certeza do que certamente acontecerá no futuro.

O autor dessa epístola vê o desenvolvimento da história como linear: ela tem um começo e um fim. Existe um propósito, um significado, um objetivo. A história não é cíclica nem um desenvolvimento aleatório de eventos. Deus criou o mundo, revelou-se na história, encarnou na pessoa de Jesus Cristo, e a história terá uma consumação. Logo, o objetivo principal do livro — exortar os cristãos a perseverar em meio à tentação e provação — depende da realidade histórica futura do julgamento e da salvação. Da mesma forma, esse futuro está fundamentado no passado: o que era no passado será amanhã e será no futuro. Portanto, não é possível ler Hebreus sem concluir que o autor "se apega à historicidade da Escritura e está comprometido, em princípio, com o sentido literal da Escritura",[3] a menos que se desconsidere completamente o próprio testemunho do autor e as evidências internas da epístola.

---

3. Goppelt, *Typos: the Typological Interpretation of the Old Testament in the New*, p. 161-62.

CAPÍTULO 4

A solidariedade corporativa em Hebreus

Uma das pressuposições hermenêuticas do autor da Epístola aos Hebreus em seu uso do AT é um conceito muito difícil para os ocidentais modernos entenderem.

> De acordo com a concepção do Antigo Testamento, o Novo Testamento vê o homem tanto como uma existência individual quanto coletiva. [...] Não é apenas uma metáfora, como somos tentados a interpretá-la, mas uma afirmação ontológica sobre quem e o que é o homem.[1]

A identidade de uma pessoa tanto para os escritores do AT quanto do NT não se resume à sua individualidade. Existe uma visão de mundo compartilhada, na qual há uma "oscilação ou relação recíproca entre o indivíduo e a comunidade."[2]

---

1. Ellis, *Prophecy and Hermeneutic in Early Christianity*, p. 170.
2. G. K. Beale, ed., *The Right Doctrine from the Wrong Texts?*, p. 37.

Esse conceito de solidariedade corporativa é fundamental para a mensagem do Evangelho. Um dos textos mais conhecidos que refletem esse conceito, tanto de forma negativa quanto positiva, é o argumento de Paulo em Romanos 5 e 1 Coríntios 15: "Porque, assim como a morte veio por um homem, também por um homem veio a ressurreição dos mortos. Porque, assim como todos morrem em Adão, assim também todos são vivificados em Cristo" (1Co 15.21-22). Adão e Cristo são mais do que apenas meios ou instrumentos pelos quais alguém recebe a morte ou a vida. Tal mediação é verdadeira, mas não é meramente instrumental (*por*), mas também representativa (*em*). Aqueles que estão em Adão, isto é, que são representados por Adão, morrem; enquanto aqueles que estão em Cristo, isto é, que são representados por Cristo, são vivificados. "Adão e Cristo [...] funcionaram como representantes da raça humana."[3]

Essa solidariedade corporativa ou liderança federal também é um conceito muito importante na teologia de Hebreus. Por exemplo, o ofício do sumo sacerdote, tão importante em Hebreus, exemplifica perfeitamente esse conceito. O sacerdote representa o povo diante de Deus (2.17; cf. 4.14-16): "todo sumo sacerdote, sendo tomado dentre os homens, é constituído nas coisas concernentes a Deus, a favor dos homens, para oferecer tanto dons como sacrifícios pelos pecados" (5.1). Observe: (1) o sumo sacerdote é escolhido dentre os homens, ou seja, existe uma representação do mesmo tipo. (2) Ele é designado para agir em nome dos homens. Em seu ofício, ele age em representação dos israelitas. O que ele faz conta verdadeiramente como se os que ele representa fizessem. (3) O sumo sacerdote age em relação a Deus. Visto que o sumo

---

3. Roy E. Ciampa e Brian S. Rosner, *The First Letter to the Corinthians*, PNTC (Grand Rapids: Eerdmans, 2010), p. 762.

sacerdote foi designado por Deus, este aceita o que ele faz como representante. (4) O sumo sacerdote oferece dons e sacrifícios pelos pecados. Seus atos são salvíficos e eficazes em sua intenção.

Então, a fim de que o Filho representasse o homem, ele deveria fazer-se homem, para que "provasse a morte por (*em prol de*, ὑπὲρ) todo homem" (2.9). O Filho se fez homem para salvar a humanidade. Desse modo, "os filhos têm participação comum de carne e sangue" (2.14). Porque a representação requer semelhança, o Filho não pode ajudar os anjos (2.16), porquanto ele não é como um deles nem se tornou um deles. Porém, uma vez que o Filho se tornou como seus irmãos, ele pode destruir o diabo e libertar aqueles que estavam sujeitos à escravidão (2.14-15).

Entretanto, é importante notar que o autor de Hebreus reconhece que esse padrão de solidariedade corporativa ou liderança federal foi estabelecido por Deus na história. Para o autor dessa epístola, o conceito de solidariedade corporativa não era um estabelecimento cultural instituído por seres humanos; antes, foi o próprio Deus quem o instituiu por meio de revelação sobrenatural. O sacerdote é nomeado "somente quando chamado por Deus" (5.4). Deus, não o homem, estabeleceu e designou a instituição do sumo sacerdote. Visto que o ofício do sumo sacerdote faz parte de um todo (o pacto mosaico), pode-se dizer o mesmo, com segurança, a respeito do pacto mosaico, com seus ofícios e instituições. Deus fez uma aliança com seu povo pela qual estabeleceu uma série de ofícios e instituições.

Concluímos anteriormente que o autor de Hebreus acreditava haver um Deus que se revelava progressivamente. O AT pode ser chamado apropriadamente de história redentiva, visto que o AT é a história da revelação progressiva de Deus sobre si mesmo e sobre sua obra redentiva. Como estabelecemos acima, a relação entre a revelação de Deus dada pelos profetas antigos e a revelação divina no Filho progride do bom para o melhor, do velado para o claro, do incompleto para o completo, do insuficiente para o perfeito. Em Hebreus, as coisas reveladas e instituídas no passado são vistas como cópias (9.23-24), sombras (10.1) ou símbolos (9.9). Ao falar da instituição sacerdotal e do tabernáculo, o autor diz que os sacerdotes são "figura e sombra das coisas celestes" (8.5). Afirma-se que a tenda foi construída de acordo com um padrão (8.5). A respeito disso, observe: (1) a substância é a mesma. Uma cópia é uma representação adequada de algo, embora não seja a coisa em si. "A lei tem sombra dos bens vindouros, não a imagem real das coisas" (10.1). Ademais, (2) a cópia é inferior e insuficiente. Como o autor mencionou a respeito dos sacrifícios, "é impossível que o sangue de touros e de bodes remova pecados" (10.4).

A relação entre a revelação de Deus pelos profetas e a revelação de Deus no Filho tem aspectos quantitativos e qualitativos. Por um lado, há uma escalada. A Nova Aliança é mais ampla do que a Antiga, tanto em escopo quanto em efeito. Por outro lado, há uma nova etapa na História da Redenção. As promessas da Nova Aliança não são apenas mais amplas, mas melhores do que as da Antiga. A Nova Aliança não é apenas uma ampliação da Antiga — embora esse aspecto quantitativo também esteja presente —, mas é um pacto melhor. É dito que a realidade do NT é melhor em muitos aspectos: uma esperança melhor (7.19), uma aliança melhor (7.22; 8.6), promessas melhores (8.6), uma tenda maior e mais perfeita (9.11), um sacrifício melhor (9.23). Nesses últimos dias, Deus não enviou o Filho para ser mais do mesmo. Ele não é apenas outro Moisés, Josué, Davi ou sacerdote do AT. O Filho é um Moisés melhor, um Josué melhor, um Davi melhor e um sumo sacerdote melhor. Ele cumpre os ofícios e instituições que Deus estabeleceu no passado de maneira perfeita.

Portanto, quando o autor de Hebreus interpreta a história registrada no AT, ele vê a revelação progressiva de Deus tomando forma e encontrando seu cumprimento na pessoa e na obra do Filho. Ao interpretar a história registrada no AT, ele é capaz de ver não apenas o cumprimento em Cristo das predições explícitas que foram registradas. Ele vê a própria história — pessoas, eventos e instituições estabelecidas por Deus encontrando seu verdadeiro significado e realidade na pessoa do Filho. As pessoas (e seus ofícios) e instituições do AT foram estabelecidas para servir como sombras e cópias. O Filho é como eles, porém melhor.

SEÇÃO 2

A INTERPRETAÇÃO DO ANTIGO TESTAMENTO EM HEBREUS

CAPÍTULO 5
A dupla autoria

Embora o foco deste livro não seja o uso textual do AT, considero importante fazer algumas observações. Após uma análise do uso textual do AT em Hebreus (veja o Apêndice), fica claro que o autor usou o texto grego como base para suas citações. Ainda assim, há momentos em que ele se sente à vontade para divergir tanto do texto grego quanto do hebraico. Alguns estudiosos se concentraram em questões relativas à transmissão textual para explicar as diferenças entre as citações em Hebreus e os textos grego e hebraico. Alguns argumentam que essas mudanças se devem principalmente ao fato de o autor ter usado um texto grego ou hebraico mais antigo como base. Há também quem sugira que as diferenças se devem à corrupção feita pelo autor da epístola ou mesmo a uma citação equivocada por lapso de memória.[1]

A maioria, no entanto, reconhecerá que as mudanças foram feitas propositalmente por razões estilísticas e/ou teológicas. Hoje, "a maioria argumenta que ele [o autor] faz traduções interpretativas que, em essência, estão alinhadas com o significado básico

---

1. Ver Guthrie, "Hebrews", p. 922-23. Ver também Guthrie, "Hebrews' Use of the Old Testament: Recent Trends in Research", *CBR* 112 (2003): 275-77.

do texto do AT, mas trazem à tona o alcance maior desse significado, conforme cumprido em Cristo."[2] Devido à sua confiança no texto grego, o livro de Hebreus contribui para a confiança que os cristãos podem ter no uso de traduções das Escrituras. Como Kistemaker aponta corretamente, "embora o AT tenha chegado a eles numa versão grega, ele foi considerado como a Palavra de Deus. A Escritura era autoritativa para o autor e os leitores da Epístola aos Hebreus. Para eles, era a voz de Deus, o testemunho do Espírito Santo e até mesmo a palavra direta de Cristo."[3]

Assim, visto que, para o autor de Hebreus, a Escritura, mesmo traduzida, era a Palavra do próprio Deus, ele raramente atribui a qualquer agente humano, de modo explícito, a autoria do AT nas fórmulas introdutórias. Para o escritor de Hebreus, o autor da Escritura, caso quiséssemos colocar o seu nome na capa, é o próprio Deus. Isso não significa, porém, que a crença do autor era que toda a Bíblia, à semelhança das tábuas originais dos Dez Mandamentos, tinha sido escrita pelo dedo do próprio Deus (Êx 31.18). A sua convicção era que a Bíblia possuía uma dupla autoria:[4] Deus inspirou homens a escrever, sem, contudo, os tornar meros fantoches, eliminando-lhes a humanidade, colocando-os num estado de transe e inconsciência, movendo-lhes misteriosamente a mão. A sua humanidade foi plenamente preservada, de forma que cada autor bíblico tem o seu próprio estilo. Esses homens que Deus inspirou também são, num sentido pleno e verdadeiro, autores da Bíblia. Os seus nomes podem também constar na capa do

---

2. Guthrie, "Hebrews", p. 922-23.

3. Simon J. Kistemaker, *Psalm Citations in the Epistle to the Hebrews* (Eugene: Wipf & Stock Publishers, 2010), p. 151.

4. Para mais sobre a dupla autoria das Escrituras, ver W. Edward Glenny, "The Divine Meaning of Scripture: Explanations and Limitations", *JETS* 38, n. 4 (1995): 481-500; Vern Poythress, "Divine Meaning of Scripture", *WTJ* 48, n. 2 (1986): 241-79; Payne, Philip B., "The Fallacy of Equating Meaning with the Human Authors Intention", *JETS* 20 (3 set. 1977): 243-52.

livro. O texto bíblico pode ser corretamente atribuído tanto aos seus autores humanos quanto ao próprio Deus, que os inspirou.

A dupla autoria das Escrituras é explícita logo na abertura da carta, no prólogo: "Havendo Deus, outrora, falado [...] *pelos* profetas" (1.1). Da mesma forma, à afirmação de que o Salmo 95.7 consiste em palavras do Espírito Santo (Hb 3.7), o autor acrescenta, em 4.7, que Deus as falou *por* Davi. Deus, de fato, fala, mas o seu discurso se dá *pelos* profetas que ele inspira. Essa instrumentalidade dos profetas, entretanto, não implica em sua instrumentalização, como esclarece Augustus Nicodemus:

> Deus preservava o conhecimento, a identidade e as particularidades do profeta. A sua humanidade não era anulada ou meramente instrumentalizada. Deus, de fato, falava por meio dos profetas, mas não de forma mecânica, e sim orgânica. O discurso inspirado dos profetas bíblicos, embora de origem divina, integrava a personalidade e o estilo dos próprios profetas. A prova disso é que, se selecionarmos aleatoriamente qualquer dupla de profetas escritores — como Amós e Isaías, ou Joel e Daniel, ou Jeremias e Ezequiel — e os compararmos, verificaremos sempre estilos diferentes. O mesmo Deus falou por meio de cada um deles, mas ele não o fez de maneira a anular a personalidade e as peculiaridades estilísticas dos seus servos. O estímulo profético que recebiam de Deus não os robotizava, mas atuava em conjunção com a sua humanidade.[5]

Assim, de acordo com o autor, o AT é único, na medida em que cada texto tem dois autores: o divino e o humano. Em referência tanto ao AT quanto ao NT, os evangélicos têm afirmado

---

5. Augustus Nicodemus, *Profetas: A Profecia na Bíblia e na Igreja* (São José dos Campos: Editora Fiel, 2023), p. 33-34.

que a Escritura "foi escrita por cerca de 40 autores humanos ao longo de cerca de 1.500 anos, embora, em outro sentido, Deus seja o autor de tudo. A Escritura, simultaneamente, são palavras de Deus e palavras de homens."[6] Essa realidade representa um desafio para o intérprete que diferencia a Escritura de qualquer outro livro humano, pois ele precisa dar conta da relação entre o autor divino e o autor humano.

No processo de revelação, Deus e o autor humano estabelecem um relacionamento positivo mútuo.[7] Pode-se dizer que as Escrituras são "o produto de uma operação 'convergente' pela qual o autor humano escreveu livremente o que quis, enquanto o autor divino, ao mesmo tempo, superintendeu e guiou essa escrita."[8] Por um lado, ao escolher o ser humano como seu porta-voz, Deus reconhece a importância dos autores humanos nos seus próprios desígnios. Eles são chamados e enviados por Deus para falar ao seu povo e são vistos como meios adequados para a transmissão da mensagem. Por outro lado, os autores reconhecem seu papel como meros porta-vozes de Deus. A repetição de "assim diz o Senhor" nas Escrituras é uma indicação de que os profetas se viam sob a autoridade de Deus, que era o autor último da mensagem. Está claro nas Escrituras que os autores se veem como transmissores de uma mensagem que não é deles, mas de Deus, mesmo quando eles próprios não estão satisfeitos com a mensagem.

Então, quando Deus envia profetas, a mensagem ainda é a mensagem de Deus. A mensagem continua a ser de Deus mesmo quando transmitida por um intermediário humano. Os profetas

---

6. Glenny, "The Divine Meaning of Scripture", p. 481.
7. Poythress, "Divine Meaning of Scripture", p. 254-58.
8. Douglas Moo, Douglas, "The Problem of Sensus Plenior", em *Hermeneutics, Authority, and Canon*, D. A. Carson & John D. Woodbridge, eds. (Eugene: Wipf & Stock Publishers, 2005), p. 187.

são os porta-vozes de Deus. Isso também é claramente visto no livro de Hebreus, no qual a maioria das citações do AT são atribuídas a Deus. Ao mesmo tempo, conquanto seja a mensagem de Deus, ela é transmitida por um homem particular, com uma personalidade particular, um conjunto de habilidades, numa cultura particular, como foi o caso do exemplo de Davi mencionado acima e dos profetas do AT em geral.

Em última análise, a relação entre uma autoria genuína e significativamente divina e uma autoria genuína e significativamente humana é a boa e velha questão da relação entre a soberania absoluta de Deus e a livre agência do homem. Por um lado, Deus, com efeito, controla e determina todas as coisas, mas, por outro lado, o homem será responsabilizado pelos seus atos. Da mesma forma, Deus é, no mais real dos sentidos, o autor das Escrituras, pois foi ele que inspirou autores humanos falíveis a escrever a sua mensagem de maneira infalível; não obstante, os autores humanos que ele inspirou, num sentido verdadeiro e pleno, são também os autores das Escrituras. A Bíblia é, portanto, um livro de dupla autoria; ela é um livro divino e, simultaneamente, humano. "Hoje, se ouvirdes a sua voz, não endureçais o vosso coração" — essas palavras do Salmo 95.7 são tanto do Espírito Santo de Deus (Hb 3.7) quanto de Davi (Hb 4.7), segundo o autor de Hebreus.

CAPÍTULO 6
O *sensus plenior*[1]

Tendo estabelecido a dupla autoria das Escrituras, como a autoria divina e a humana se relacionam, particularmente no que diz respeito à intenção e ao significado? Hirsch afirmou que "não há terra mágica de significados fora da consciência humana."[2] Em geral, concordamos com essa afirmação, no sentido de que o significado do texto não pode ser subjetivo ou indefinido. Quando o autor humano insinua algo, a interpretação do texto não pode violar o significado pretendido por ele, pois, nesse caso, violaria o próprio texto e tornaria a interpretação objetiva impossível de ser alcançada. A Escritura é a Palavra de Deus, mas o autor humano a cunhou. Não se pode aceitar uma visão da inspiração que se reduza a mero ditado (embora tenhamos alguns casos em que isso ocorra), já que essa abordagem quebra a relação positiva entre o autor divino e o autor humano e falha em dar

---

1. Ver Raymond E. Brown, *The Sensus Plenior of Sacred Scripture* (Eugene: Wipf & Stock, 2008). Ver também William S. LaSor, "The Sensus Plenior and Biblical Interpretation", em *Scripture, Tradition, and Interpretation: Essays Presented to Everett F. Harrison by His Students and Colleagues in Honor of His Seventy-Fifth Birthday*, Everett F. Harrison, W. W. Gasque & William S. LaSor, eds. (Grand Rapids: Eerdmans, 1978). Ver também Henri A. G. Blocher, "God and the Scripture Writers: The Question of Double Authorship", em *The Enduring Authority of the Christian Scriptures*, D. A. Carson, ed. Grand Rapids: Eerdmans, 2016, p. 497-541.

2. E. D. Hirsch, *Validity in Interpretation* (New Haven: Yale University Press, 1967), p. 4.

conta dos diferentes estilos (não gêneros) que encontramos nas Escrituras. As epístolas paulinas têm um estilo diferente das atribuídas a Pedro ou João. Não temos base bíblica para ver o autor humano como mero fantoche ou secretário no processo de revelação (e nem estamos incluindo o uso de amanuense no processo). Logo, de maneira geral, devemos concordar com Hirsch e defender uma interpretação bíblica que seja fiel à intenção do autor humano; caso contrário, violaríamos a própria intenção do autor e o significado pretendido do texto.

Em outro sentido, no entanto, temos de discordar de Hirsch, pois há mais de um autor, e a consciência humana não é tudo o que há no texto bíblico. O intérprete do texto bíblico deve desejar manter a integridade da intenção do autor humano ao mesmo tempo que dá conta da intenção divina. Deus não pode ser restringido em sua liberdade pelas restrições do autor humano. Se, como acredita o autor da Epístola aos Hebreus, os profetas foram porta-vozes de uma mensagem de Deus, eles também devem reconhecer que a mensagem pode, em alguns pontos, ir além de sua consciência. Uma solução para esse problema é o que se chama de *sensus plenior* das Escrituras, que foi popularizado por Raymond Brown, o qual o definiu assim:

> O *sensus plenior* é aquele significado adicional e mais profundo que, sendo pretendido por Deus, mas não claramente pelo autor humano, se verifica existir nas palavras de um texto bíblico (ou um grupo de textos, ou mesmo um livro inteiro) quando são estudadas à luz de mais revelação ou de um desenvolvimento maior na compreensão da revelação.[3]

---

3. Brown, *The Sensus Plenior of Sacred Scripture*, p. 92.

O próprio Brown responde à questão mais importante na definição do conceito de *sensus plenior*. Para ele, "vale a pena notar que a falta de consciência clara pode ir desde a ignorância absoluta até a quase clareza."[4] Se Brown estiver correto, perderíamos, às vezes, qualquer conexão entre o significado pretendido pelos autores humanos e o significado pretendido por Deus. Esse movimento pode ser atraente para um teólogo católico como Brown, visto que abre a porta para novos significados e permite um tipo de interpretação muito subjetiva, a qual pode validar as invenções do magistério da Igreja — o que serviria como uma desculpa fácil e apoio para todas as novidades teológicas propostas pela Igreja Católica.

No entanto, a Epístola aos Hebreus argumenta extensivamente que a revelação de Deus em Cristo é final. Esta é a razão pela qual a Antiga Aliança foi revogada: uma melhor e permanente foi ratificada (7.18-19). Jesus é a revelação perfeita e final de Deus. Ele é o sumo sacerdote eterno da ordem de Melquisedeque, que morreu de uma vez por todas, entrou na presença de Deus e intercede por sua Igreja (7.1-28). O sacerdócio de Cristo dura para sempre porque, ao contrário da Antiga Aliança, não é temporário. Como visto no prólogo, a diversidade da revelação de Deus aos profetas antigos ("muitas vezes e de muitas maneiras") é contrastada com o caráter singular e final da revelação de Deus na pessoa do Filho. "Os crentes aguardam a volta do Filho (9.28), mas não esperam mais uma palavra de Deus. Não são necessários mais esclarecimentos."[5] Qualquer noção de *sensus plenior* que se estenda além de Cristo como revelado nas Escrituras cai por terra,

---

4. Ibid., p. 113.
5. Schreiner, *Commentary on Hebrews*, p. 54.

segundo o testemunho do autor de Hebreus. LaSor nos dá uma melhor compreensão:

> O *sensus plenior*, como a tipologia, deve sempre partir do sentido literal do texto. Não se trata de um substituto para a exegese histórico-gramatical, mas de um desenvolvimento de tal exegese. Ele não consiste em inserir no texto doutrinas e teorias teológicas, mas em tirar dele a plenitude de significado exigida pela revelação completa de Deus. O *sensus plenior* é derivado do contexto total, geralmente incluindo o que já foi revelado da atividade redentora de Deus e sempre incluindo o propósito final dessa atividade. Nesse sentido, é correto dizer que o autor humano não pretendeu dizer tudo o que se encontra no *sensus plenior*.[6]

De forma mais precisa, Poythress afirma que, quando os escritores do Novo Testamento

> [...] discutem um texto do AT, consideram-no à luz do resto do AT, à luz dos eventos salvíficos que Deus realizou em Cristo e à luz do ensinamento do próprio Jesus durante sua vida terrena. [...] Portanto, o que eles dizem usando uma passagem do AT nem sempre pode ser baseado apenas no texto do AT, mas nas relações que o texto tem com seu contexto maior.[7]

Essas definições precisam de mais esclarecimentos. Afirmações como "é correto dizer que o autor humano não pretendia dizer tudo o que pode ser encontrado no *sensus plenior*"[8] e "o

---

6. LaSor, "The Sensus Plenior and Biblical Interpretation", p. 275.
7. Poythress, "Divine Meaning of Scripture", p. 277.
8. LaSor, "The Sensus Plenior and Biblical Interpretation", p. 275.

que eles dizem usando uma passagem do AT nem sempre pode ser baseado apenas no texto do AT"[9] podem ter uma aplicação errada se não forem bem compreendidas.

Por exemplo, Plantinga argumenta que "o fato de que o principal autor da Bíblia é o próprio Deus significa que nem sempre se pode determinar o significado de uma determinada passagem descobrindo o que o autor humano tinha em mente."[10] Embora possamos hesitar quanto à forma como Plantinga articula sua visão, concordamos que o significado pleno de uma passagem bíblica não pode ser esgotado na intenção do autor humano (o que ele tinha em mente), uma vez que o autor humano não é apenas limitado pelo espaço e pelo tempo, mas também em sua capacidade de compreender todas as intenções e planos de Deus. Todavia, parece que Plantinga abre a possibilidade de descartar a mente do autor humano por completo — pelo menos, em passagens específicas —, já que ele afirma que o significado não pode ser acessado pela mente do autor humano. Plantinga não usa nenhuma qualificação para essa afirmação. Além disso, ele afirma ser "bem possível que o que aprenderemos com o texto em questão seja algo bem *diferente* do que o autor humano se propôs a ensinar"[11] (grifo meu). Como já foi dito, o significado da passagem não pode ser determinado de forma exaustiva pelo que o autor humano tinha em mente. No entanto, não podemos aceitar a ideia de que o significado do autor humano possa ser diferente daquele do autor divino.

---

9. Poythress, "Divine Meaning of Scripture", p. 277.
10. Alvin Plantinga, "Two (Or More) Kinds of Scripture Scholarship", em *"Behind" the Text: History and Biblical Interpretation*, SHS, vol. 4, Craig Bartholomew et al, eds. (Grand Rapids: Zondervan, 2003), p. 26.
11. Ibid, p. 27.

O significado de uma passagem bíblica pode ir além do que estava na mente do autor humano. Contudo, a intenção do autor divino e do humano se relacionam não por distinção ou contraste (ou mesmo contradição),[12] mas por expansão ou desenvolvimento. Podemos concordar com Plantinga quanto a que o significado do texto pode ir além do que o autor humano podia conceber. Visto que Deus é o autor principal, o significado de um texto anterior é desenvolvido além da compreensão humana em determinado momento e de acordo com os planos de Deus. Todavia, isso é bem diferente de sugerir que o significado pretendido por Deus em determinada passagem é "bastante diferente"[13] do significado pretendido pelo autor humano. Isso sugere que o texto bíblico pode ser ambíguo em seu significado ou incluir algum tipo de significado contraditório na mesma passagem (a intenção humana é uma, ao passo que a intenção divina é bem diferente).

Esses sentidos opostos ou, pelo menos, independentes no mesmo texto não são, de forma alguma, a melhor explicação para a dupla autoria e, consequentemente, para a interpretação do texto; tampouco são a melhor explicação para a forma como vemos o autor de Hebreus interpretando o AT. Por exemplo, é justo dizer que Moisés não poderia saber que a profecia da semente da mulher em Gênesis 3.15 se referia a um homem chamado Jesus, descendente de um rei chamado Davi, que nasceria de uma mulher chamada Maria, na cidade de Belém. Entretanto,

---

12. É preciso ter cuidado para não exagerar nas afirmações de Plantinga. Contudo, parece que ele abre a possibilidade para algum tipo de contradição nas Escrituras quando afirma a possibilidade de significados "bastante diferentes". É verdade que ele afirma explicitamente a unidade da Escritura e o princípio de que "a Escritura interpreta a Escritura" (ibid., p. 25). Seria de esperar que esses princípios excluíssem a possibilidade de qualquer tipo de contradição na Escritura. Portanto, devemos rejeitar a proposta de Plantinga da possibilidade de diferentes significados na Bíblia.

13. Ibid., p. 25.

a ignorância sobre os detalhes ou o escopo completo de uma profecia não é indício de um significado diferente. Moisés entendeu o significado escatológico da profecia (por exemplo, pela maneira como a semente é traçada em todo o Pentateuco), embora seu significado completo estivesse além do alcance de sua mente. Logo, devemos rejeitar a conclusão de Plantinga quando ele afirma:

> [...] não há razão para supor que os autores humanos de Êxodo, Números, Salmos, Isaías, Jeremias ou Habacuque tivessem em mente a entrada triunfal de Jesus, ou sua encarnação, ou outros eventos da vida e morte de Jesus, ou mesmo qualquer outra coisa que dissesse respeito explicitamente a ele.[14]

O que Plantinga quer dizer com "explicitamente"? Que os autores humanos não conheciam os detalhes ou todas as dimensões da profecia? Com isso poderíamos concordar. No entanto, Plantinga prossegue e afirma que a intenção do autor humano pode ser "bastante diferente"[15] da intenção de Deus e do verdadeiro significado que ele intentava. Plantinga sugere que Isaías não previu explicitamente o sofrimento e a morte do Messias em Isaías 52.13–53.12? Os escritores do Novo Testamento, que citam Isaías repetidas vezes, não desejam que os leitores olhem para Cristo como o cumprimento direto das predições de Isaías? Quem Isaías viu senão o próprio Cristo (Is 6.1; cf. Jo 12.41)?

Uma melhor compreensão do desenvolvimento da revelação e da dupla autoria é a ilustração da relação entre uma semente e

---

14. Ibid., p. 27.
15. Ibid., p. 25.

uma árvore.[16] Assumindo que a revelação é progressiva (como o autor de Hebreus parece supor), a nova revelação é dada e desenvolvida com base na anterior. Pode-se comparar a revelação final em Cristo a uma árvore plenamente desenvolvida e madura, em todo o seu esplendor, enquanto a revelação dada a Adão e Eva, depois de terem sido expulsos do jardim, pode ser comparada à semente recém-germinada dessa mesma árvore. Porém, não seria correto dizer que a semente é bem diferente da árvore. De certa forma, é diferente, já que a árvore não se parece com uma semente recém-germinada. Contudo, tanto a semente quanto a árvore compartilham a mesma informação genética. A diferença entre as duas não é ontológica, mas tem a ver com o desenvolvimento e com os diferentes estágios de maturidade. Elas não são *muito diferentes* uma da outra. São da mesma natureza. A semente e a árvore são uma só. Todos os detalhes dessa árvore já estão presentes na semente, mas em estágio embrionário. O mesmo pode ser dito a respeito da revelação.

É com base nisso que o apóstolo Paulo pode dizer que o Evangelho foi pregado anteriormente a Abraão (Gl 3.8), não porque ele entendesse todo o escopo e as implicações da promessa que lhe foi feita, mas porque a promessa não era, de forma alguma, diferente ou distinta do cumprimento dela, assim como uma semente recém-germinada se desenvolve e se torna uma árvore madura, isto é, Jesus Cristo. O mesmo pode ser encontrado no livro de Hebreus. Numa ilustração diferente, mas idêntica ao desenvolvimento da semente e sua subsequente transformação

---

16. Esta é uma ilustração levemente modificada que peguei emprestada de G. K. Beale. Lints usa a mesma analogia e esclarece que, no desenvolvimento e progressão da revelação, "buscamos o progresso da semente perfeita para a árvore perfeita, e não o progresso do mal para o bem ou do errado para o certo" (Richard Lints, *The Fabric of Theology: A Prolegomenon to Evangelical Theology* (Grand Rapids: Eerdmans, 1993), p. 80.

em árvore, o autor de Hebreus vê o AT como preparatório e progressivo em sua revelação. O AT contém cópias (9.23-24), sombras (10.1) ou símbolos (9.9) da realidade. A mensagem — isto é, a substância — é a mesma. Porém, os tipos, sombras e cópias são uma representação da realidade — incompleta, insuficiente, antecipatória e velada, quando comparada com a realidade. Logo, como claramente se apresenta em Hebreus, a pessoa e a obra de Cristo são a realidade que o AT antecipou. O homem Jesus é a representação perfeita do Pai (Hb 1.3; cf. 2Co 4.4, Cl 2.9) e o clímax da revelação de Deus.

CAPÍTULO 7
A tipologia

Uma visão cristocêntrica da revelação de Deus aponta para outro conceito muito importante na relação entre o autor humano e o divino: a tipologia. A tipologia pressupõe a unidade de toda a Escritura e a autoria divina. É "o estudo das correspondências analógicas, dentro da estrutura histórica da revelação especial de Deus, entre as verdades reveladas sobre pessoas, eventos, instituições e assim por diante. Essas correspondências, de uma visão retrospectiva, são de natureza profética e são intensificadas em seu significado."[1]

Muitas vezes, entre os estudiosos, a tipologia é tomada como uma subcategoria da alegoria. Todavia, embora partilhem algumas características, elas adotam pressupostos opostos, e a sua grade de interpretação é significativamente diferente. Essa distinção entre os dois termos é a chave para compreender o uso do AT pela Epístola aos Hebreus. Por algum tempo, os estudiosos argumentaram que Hebreus empregou o AT de maneira alegórica,

---

1. Beale, *Handbook on the New Testament Use of the Old Testament*, p. 14.

à semelhança dos métodos de Fílon.[2] No entanto, existem, pelo menos, duas maneiras principais como a tipologia que vemos no NT (e que é confirmada em Hebreus) é diferente da alegoria.

Primeiro, a tipologia difere da alegoria por seus fundamentos históricos. "A interpretação simbólica e alegórica da mitologia era bem conhecida no mundo grego, mas a tipologia não, visto que esta pressupõe uma história divina no passado, presente e futuro."[3] A historicidade do AT é de tal importância para o autor de Hebreus, que se pode dizer que sua estrutura hermenêutica em sua interpretação do AT era "a interpretação da história."[4] Ao contrário dos gregos, que tinham vergonha de seus próprios mitos e antecipavam "uma redenção da matéria, uma fuga do tempo e da história na morte",[5] os escritores do NT usam o AT como tipos de uma realidade presente e futura (a qual seria o antítipo), uma vez que enxergam a obra de Deus na história, conforme se nota claramente na Epístola aos Hebreus.

Para os autores do NT, as promessas de Deus foram e serão materialmente cumpridas na história, no tempo e no espaço reais. Ao contrário da alegoria, "a maioria dos estudiosos concordaria que a tipologia envolve uma correspondência histórica entre tipo e antítipo."[6] Para os escritores do Novo Testamento, é justamente por ser verdadeiro e histórico que o AT é relevante para a situação contemporânea. Deus trabalha no presente assim como fez no

---

2. Ver S. E. Docherty, "The Use of the Old Testament in the New Testament: Reflections on Current Trends and Future Prospects with Reference to the Letter to the Hebrews", *ScrBul* 34, n. 2 (2004), p. 78. Ver também Hughes, *Hebrews and Hermeneutics*, p. 157-58.
3. Goppelt, *Typos: The Typological Interpretation of the Old Testament in the New*, p. 19.
4. Francis Foulkes, "The Acts of God: A Study of the Basis of Typology in the Old Testament", em G. K. Beale, ed. *The Right Doctrine from the Wrong Texts?: Essays on the Use of the Old Testament in the New*, G. K. Beale, ed. (Grand Rapids: Baker Academic, 1994) p. 365.
5. Ellis, *Prophecy and Hermeneutic in Early Christianity*, p. 164.
6. Richard M. Davidson, *Typology in Scripture: A Study of Hermeneutical τύπος Structures*, AUSDDS (Berrien Springs: Andrews University Press, 1981), p. 95. Ver também Ellis, *Paul's Use of the Old Testament*, p. 126-35.

passado. Deus trabalhou no presente em cumprimento do que ele fez e disse no passado. A história e a matéria não podem ser descartadas ou minimizadas. Se não há passado histórico verdadeiro, o presente não tem significado, de maneira que não há esperança para um futuro histórico. Portanto, "onde a alegoria busca um significado *por trás* do texto, a tipologia baseia o significado nos eventos narrados no texto."[7]

Em Hebreus, esse aspecto histórico é a base tanto para a exortação quanto para a confiança encontrada ao longo da carta. Como Goppelt afirma, Hebreus "não tem nada em comum com a depreciação platônica do mundo material visível em contraste com o mundo invisível das ideias [...]. O autor não usa isso para mergulhar no misticismo [...]. Ele faz disso a base da fé na realidade do cumprimento e a base da esperança de que o cumprimento virá no futuro (13.14)."[8] A base da fé cristã é a encarnação do Filho de Deus no tempo e no espaço, uma ideia que seria abominável num pensamento platônico. Trata-se da realidade histórica e material reconhecida no fato de que o Filho de Deus, "em todas as coisas, se torn[ou] semelhante aos irmãos" (2.17). É porque ele mesmo sofreu na tentação (2.18) que os cristãos podem ter certeza de que têm "um misericordioso e fiel sumo sacerdote" (2.17), "que penetrou os céus" (4.14) e é capaz de "compadecer-se das nossas fraquezas" (4.15).

Em segundo lugar, a tipologia difere da alegoria por causa de sua grade de interpretação.[9] Os gregos viam a história como um ciclo interminável de eventos que se repetiam continuamente, desde a eternidade passada até a eternidade futura. Princípios

---

7. Moo, "The Problem of Sensus Plenior", p. 195.
8. Goppelt, *Typos*, p. 167.
9. Hughes, *Hebrews and Hermeneutics*, p. 35ss.

alegóricos são aplicados em qualquer lugar, a qualquer momento. Os escritores do NT acreditam que a história é linear: tem um começo (Hb 1.10-12), um presente (Hb 4.7) e um futuro (Hb 12.26-28), da promessa ao cumprimento, da antecipação à consumação. Ao mesmo tempo, eles também acreditam que a história tem um ponto decisivo: o advento de Cristo (sua vida, morte e ressurreição). "Havendo Deus, outrora, falado, muitas vezes e de muitas maneiras, aos pais, pelos profetas, nestes últimos dias, nos falou pelo Filho" (Hb 1.1-2a). Logo, para o autor de Hebreus, a história é a história redentiva, na qual Deus, progressivamente, se revelou e realizou seus planos. É por meio do advento de Cristo que toda a história passada é interpretada, e toda a história futura, prevista. Todo conhecimento deve brotar dessa crença, de forma que lemos em outra parte do NT: "decidi nada saber entre vós, senão a Jesus Cristo e este crucificado" (1Co 2.2).

Os escritores do NT veem Cristo como o cumprimento do AT, não apenas em sua predição direta, mas também em seus lugares, eventos e instituições. Eles seguem os escritos dos profetas, que olharam para a história passada de Israel e previram que as obras de Deus seriam repetidas de maneira escalonada. Alguém semelhante a Moisés é predito em Deuteronômio (Dt 18.18). Oseias antevê que o povo de Deus voltará para o Egito (Os 9.3). Isaías fala de um novo êxodo (Is 43.16-21), assim como de novos céus e nova terra (Is 65.17). Um novo Moisés, um novo Davi, um novo templo, uma Nova Aliança, uma nova Jerusalém, novos céus e nova terra são esperados desde o AT. Os escritores do NT proclamam Jesus Cristo como o cumprimento de todas essas expectativas. Cristo mantém toda a história unida. Ele é a estrutura interpretativa de toda a Escritura. O que foi dado por sombras e de forma velada é manifestado de forma clara em Cristo, que traz à luz toda a revelação de Deus.

Concluímos, assim, que os escritores do NT seguem e desenvolvem a estrutura hermenêutica já presente no AT. Os escritores do NT se veem na tradição dos profetas do AT e devem ser interpretados dessa forma. A tipologia não é uma invenção dos escritores do NT, mas uma estrutura hermenêutica já presente no AT. No que diz respeito a isso, o uso que o autor de Hebreus faz do Salmo 110 é paradigmático — em particular, a referência a Melquisedeque (Hb 5.6; 7.17, 21). Um estudo adequado dessa passagem deve explicar o fato de que é o AT que usa o que parece ser um texto bastante obscuro e o aplica à realeza davídica. O que o autor de Hebreus faz é afirmar que a profecia do Salmo 110 encontra seu perfeito cumprimento, ou consumação, na pessoa de Cristo. Hebreus desenvolve algumas das ideias e as aplica à pessoa de Cristo, mas fundamenta seus ensinos e significado na interpretação do autor do Salmo 110.

CAPÍTULO 8

A (des)continuidade entre o Antigo Testamento e o Novo Testamento[1]

Desde o advento de Cristo, a História da Redenção se divide em duas partes (antes e depois do advento de Cristo). Como reflexo desse fato, a Escritura também é dividida em duas partes: o AT e o NT. "No centro do problema da Teologia Bíblica, está a questão de fazer plena justiça à sutil relação canônica dos dois testamentos dentro da única Bíblia cristã."[2] Pode-se notar que alguns que não têm uma visão elevada da Escritura como a Palavra inspirada de Deus estão prontos a considerar o uso do AT no NT como descontextualizado e puramente retórico. À luz dessa visão, os autores do NT tinham sua própria agenda e usaram o

---

1. Ver Bock, "Evangelicals and the Use of the Old Testament in the New: Part 1"; Bock, "Evangelicals and the use of the Old Testament in the New: Part 2". Outra fonte útil é Berding & Lunde, *Three Views on the New Testament Use of the Old Testament*.

2. Brevard S. Childs, *Biblical Theology of the Old and New Testaments: Theological Reflection on the Christian Bible* (Mineápolis: Fortress Press, 1993), p. 78. Ver também Edward W. Klink & Darian R. Lockett, *Understanding Biblical Theology: A Comparison of Theory and Practice* (Grand Rapids: Zondervan, 2012), p. 17ss.

AT para seus propósitos, desconsiderando o significado original dos textos do AT. Por exemplo, McCasland não é tímido em sua avaliação do autor do primeiro Evangelho. Para esse estudioso, Mateus cria vários problemas que são o resultado de sua "desconsideração dos contextos originais, transferência, realocação e reescrita de ditos com base em uma semelhança superficial, capricho literário ou ideia teológica."[3] Embora discordemos fortemente dos estudiosos que defendem essa e outras posições semelhantes, nossas principais discordâncias são encontradas em nível mais fundamental, ou seja, na crença sobre a natureza das Escrituras.

Contudo, mesmo entre aqueles que têm uma visão elevada das Escrituras, é óbvio que "nenhuma área hermenêutica gera mais discussão do que a relação entre os testamentos."[4] Algumas das questões que levam a diferentes posições quanto à relação entre os testamentos já foram acima estabelecidas (especificamente, a dupla autoria e o *sensus plenior*). Neste capítulo, a principal questão com que temos de lidar sobre o uso do AT no NT é o grau de continuidade ou descontinuidade entre o significado original dos textos do AT e o significado dos mesmos textos em seu uso no NT.

A abordagem do processo canônico, representada por Bruce Waltke,[5] procura resolver o problema do uso do AT no NT argumentando que os escritores do AT falaram em linguagem ideal. O que Waltke quer dizer é que, "se o Salmo 2.7 se refere a Jesus Cristo em seu primeiro reino, a referência ao Salmo 2.6 e ao Monte Sião também não diz respeito a um local na Palestina, mas

---

3. S. V. McCasland, "Matthew Twists Scriptures", *JBL* 80 (1961), p. 148.
4. Bock, "Evangelicals and the Use of the Old Testament in the New: Part 1", p. 209.
5. Bruce K. Waltke, "A Canonical Process Approach to the Psalms", em *Tradition and Testament: Essays in Honor of Charles Lee Feinberg*, John S. Feinberg & Paul D. Feinberg, eds. (Chicago: Moody Press, 1981), p. 3-18. Ver também Waltke, "Is It Right to Read the New Testament into the Old?", *Christianity Today*, 2 de setembro de 1983, p. 77.

ao Monte Sião celestial e à tomada de posse das nações por Cristo."[6] A posição de Waltke parece desnecessária e contraproducente. Não é preciso defender algum tipo de imposição de significado do NT sobre os textos do AT. Como visto acima, a ideia de desenvolvimento parece mais adequada.

A escola da intenção completamente humana, representada por Walter Kaiser,[7] atribui corretamente o significado à intenção do autor humano. Kaiser corretamente observa que a "prática exegética evangélica também começou a cair em um subjetivismo despreocupado."[8] Ele se opõe totalmente à ideia de dois significados, mas também nega qualquer tipo de *sensus plenior*. Usando 1 Pedro 1.10-12 como um exemplo paradigmático, Kaiser conclui que "essa passagem não ensina que esses homens eram curiosos e muitas vezes ignorantes do significado exato do que escreveram e predisseram."[9] Só podemos elogiar as preocupações de Kaiser sobre o significado e a objetividade na tarefa hermenêutica. Ele procura evitar uma abordagem de resposta do leitor, na qual o significado se torna algo subjetivo e variável.

Todavia, Kaiser limita a intenção divina à intenção humana, o que resulta na limitação de Deus em sua liberdade. Embora concordemos com ele quanto a um significado único, isso não significa necessariamente que os autores do AT estivessem totalmente cientes de tudo o que profetizaram. Kaiser faz uma distinção importante entre significado e significância, mas parece que ele rejeita qualquer possibilidade de desenvolvimento do significado

---

6. Waltke, "Is It Right to Read the New Testament into the Old?", p. 77.
7. Walter C. Kaiser Jr., "The Single Intent of Scripture", em *Evangelical Roots: A Tribute to Wilbur Smith*, K. S. Kantzer, ed. (Nashville: Nelson, 1978), p. 123-41. Ver também Kaiser, *The Uses of the Old Testament in the New* (Chicago: Moody Press, 1985); Kaiser, *Toward an Exegetical Theology: Biblical Exegesis for Preaching and Teaching* (Grand Rapids: Baker Book House, 1981).
8. Kaiser, "The Single Intent of Scripture", p. 55.
9. Ibid., p. 57.

do autor humano, particularmente no que tange à aceitação da ideia de que o texto pode ter múltiplos referentes. Para Kaiser, a única coisa que os autores do AT desconheciam em seus escritos era o tempo de seu cumprimento. Contudo, de acordo com o testemunho bíblico, parece melhor afirmar que "o Novo Testamento interpreta a Escritura do Antigo Testamento expandindo seu significado."[10] Essa afirmação coexiste com o fato de que "é possível demonstrar que essa expansão não contraria a integridade dos textos anteriores, mas os desenvolve de maneira consistente com o entendimento dos autores do Antigo Testamento."[11]

O NT interpreta o AT à luz do advento de Cristo. Isso significa que, antes de Cristo, o significado completo de uma profecia do AT ainda estava por ser revelado (achava-se velado, indicado por sombras, cópias e símbolos). Negar esse desenvolvimento é, em certo sentido, desconsiderar a necessidade da revelação do NT. Se tudo estava claro, de forma que o significado completo de cada profecia do AT era evidente, por que alguém precisaria da revelação do NT? Se o tempo fosse o único "segredo" ainda a ser revelado, o NT poderia ser reduzido a uma série de datas. Entretanto, os escritores do NT sentem a necessidade de não apenas afirmar o cumprimento das profecias, mas também explicar seu significado completo quando necessário. Eles o fazem não de maneira a contradizer o AT ou adicionar-lhe algo, mas de forma a desenvolver seu significado mais completo. Eles esclarecem o que era obscuro. Dão luz onde havia sombras. O AT era bom, mas incompleto; era revelação verdadeira, mas velada. Cristo

---

10. G. K. Beale, "Did Jesus and His Followers Preach the Right Doctrine from the Wrong Texts?: An Examination of the Presuppositions of Jesus' and the Apostles' Exegetical Method", em G. K. Beale, *The Right Doctrine from the Wrong Texts?: Essays on the Use of the Old Testament in the New* (Grand Rapids: Baker, 1994), p. 393.
11. Ibid.

traz clareza e cumprimento. Enquanto o AT é prospectivo em sua natureza e antecipatório em seu modo, o NT enfoca o advento de Cristo como o clímax e o cumprimento de toda a revelação de Deus, dando o significado mais completo da revelação do AT. Não há subjetividade ou arbitrariedade no processo hermenêutico, pois é o NT que estabelece os limites para a interpretação do AT. O advento de Cristo é a estrutura hermenêutica, porém isso significa que não haja subjetividade alguma.

A escola hermenêutica judaica,[12] representada por Richard Longenecker,[13] reconhece corretamente as lentes cristológicas dos escritores do Novo Testamento, mas defende um uso não contextualizado do AT pelo NT. Em particular, esse estudioso afirma que os autores do NT apenas faziam uso de ferramentas hermenêuticas contemporâneas em seu uso do AT — particularmente, seguindo as escolas judaicas de interpretação (seja a literalista, seja a pesher, midráshica, alegórica ou uma combinação dessas).[14]

Embora reconheçamos tais influências (até que ponto ninguém sabe), parece que Longenecker achata a interpretação do AT pelo NT como se fosse apenas um tipo de interpretação judaica contemporânea, à luz do advento cristológico. Ademais, esse estudioso acusa os autores do NT de não levarem a sério o

---

12. Para simplificar, uso a nomenclatura de Darrel Bock ("Evangelicals and the Use of the Old Testament in the New: Part 1", p. 209-23). Interajo mais longamente com essa abordagem porque ela se tornou a principal tendência no estudo do uso do AT pelo NT.

13. Para a posição de Longenecker, ver Richard N. Longenecker, "Can We Reproduce the Exegesis of the New Testament", *TynBul* 21, (1970): 3-38; Longenecker, *Biblical Exegesis in the Apostolic Period* (Grand Rapids: Eerdmans, 1999); Longenecker, "Who Is the Prophet Talking about?: Some Reflections on the New Testament Use of the Old", *Themelios* 13, n. 1, 1987, p. 4-8.

14. Como diz Berding a respeito da posição de Enn, "não é a presença da tipologia que explica o comportamento dos autores do NT em comparação com o AT; é o fato de os autores do NT serem participantes do ambiente interpretativo da hermenêutica do Segundo Templo que explica suas práticas interpretativas." (Kenneth Berding, "An Analysys of 'Three Views on the New Testament Use of the Old Testament", em *Three Views on the New Testament use of the Old Testament*, Kenneth Berding & Jonathan Lunde, eds. (Grand Rapids: Zondervan, 2008), p. 236 [cf. as próprias palavras de Enn na p. 208]).

significado dos textos do AT. Além de considerar que a interpretação deles estava errada, Longenecker argumenta que o AT foi usado por eles apenas como desculpa. "Em vez de começar com o texto bíblico e, depois, procurar torná-lo contemporâneo, eles começaram de fora dos textos e usaram esses textos principalmente para apoiar sua postura extrabíblica."[15] Portanto, Longenecker afirma que o AT foi usado pelo NT de maneira descontextualizada e em oposição às melhores práticas hermenêuticas modernas (que ele vê como superiores).[16]

Essa posição levanta sérias questões sobre a autoridade das Escrituras e a integridade dos autores do NT. Se os autores do NT usaram uma estrutura hermenêutica falha em seu uso do AT, como alguém pode confiar em suas conclusões? Se eles usaram o AT como pretexto para seus próprios planos, como um cristão pode seguir seu exemplo? Para Longenecker, os autores do NT foram inspirados, de maneira que o que eles ensinam é verdadeiro. Sua hermenêutica era falha, mas seus ensinamentos são confiáveis porque Deus os protege de erros teológicos. Trata-se de uma abordagem que defende a doutrina certa a partir dos

---

15. Longenecker, *Biblical Exegesis in the Apostolic Period*, p. xxvii. De maneira semelhante, Enns argumenta que "seguimos os escritores do Novo Testamento mais quanto a seu objetivo hermenêutico do que quanto a seus métodos exegéticos e tradições interpretativas" (Peter Enns, "Fuller Meaning, Single Goal: A Christotelic Approach to the New Testament Use of the Old in Its First-Century Interpretative Environment", em *Three Views on the New Testament use of the Old Testament*, Kenneth Berding & Jonathan Lunde, eds. (Grand Rapids: Zondervan, 2008) p. 216). Deve-se dizer que nem todos aqueles que defendem esse tipo de entendimento do uso do AT pelos autores do NT são tão extremos em suas conclusões. Contudo, mesmo que em graus diferentes, sua visão ainda é problemática. Veja, por exemplo, Simon J. Kistemaker, *Psalm Citations in the Epistle to the Hebrews* (Eugene: Wipf & Stock Publishers, 2010), p. 89ss.

16. É justo dizer que Longenecker é capaz de reconhecer que algumas das tradições interpretativas não podem ser totalmente rastreadas até as escolas de judaísmo do Segundo Templo. Além disso, ele pode reconhecer, em alguns pontos, que as semelhanças são mais analógicas do que genealógicas, ou seja, os paralelos entre os autores do NT e suas contrapartes judaicas não exigem necessariamente que os autores do NT se baseiem em outras escolas contemporâneas de interpretação; eles podem ter tido sua própria tradição interpretativa. Veja, por exemplo, os comentários de Longenecker em *Biblical Exegesis in the Apostolic Period, p. 158*.

textos errados.[17] Tais explicações têm sérios problemas. Pode-se separar o método do resultado? Os cristãos de hoje devem ler os textos bíblicos de uma maneira diferente dos apóstolos? É ético usar mal o texto bíblico, mesmo que o resultado seja verdadeiro? Os cristãos de hoje deveriam fazer um uso tão irreverente das Escrituras, se eles apenas as empregam para pregar a verdade? Como o resultado pode ser verdadeiro se o argumento em si é falho? No final, o NT é acusado de má exegese, a qual nunca deveria ser permitida em nossas modernas escolas de teologia.

No nível acadêmico, Longenecker representa a arrogância da erudição moderna que afirma saber mais, que é pedante e condescende com os autores do Novo Testamento. Essa postura não tem o apoio das evidências que já apresentamos. Na prática, Longenecker rejeita o propósito didático da Escritura na interpretação da Escritura. Para esse estudioso, deve haver uma separação "entre (1) princípios teológicos e éticos que são normativos e (2) métodos e práticas culturalmente condicionados que dão suporte e expressão a esses princípios."[18] Em outras palavras, os cristãos hoje devem afirmar as verdades ensinadas no NT, mas rejeitar sua exegese. Os cristãos devem aprender a verdade com o apóstolo Paulo, mas precisam aprender a hermenêutica com Longenecker. A teologia do Novo Testamento está certa, embora seus autores nem mesmo pudessem ler e interpretar adequadamente a Palavra de Deus dada pelos profetas. O que Longenecker propõe é olhar para fora das Escrituras para entender as Escrituras. O NT não pode ser um guia para a interpretação bíblica.

---

17. Essa paráfrase foi cunhada por G. K. Beale. Veja o artigo de Longenecker e a resposta de Beale em *The Right Doctrine from the Wrong Texts?*.

18. Longenecker, *Biblical Exegesis in the Apostolic Period*, p. xxxvii.

Contudo, conforme apontado por Motyer, "o autor *relata* as palavras da Escritura como evidência que apoia sua afirmação de que Cristo é muito maior do que os anjos. O estilo do raciocínio não é revelatório, mas argumentativo."[19] Os autores do NT respondem a Longenecker pela maneira como lidam com o AT. O autor de Hebreus procura convencer seus leitores por meio de uma exposição do significado dos textos do AT, conforme são cumpridos na pessoa de Cristo. O autor do NT não recorre à autoridade de alguém que recebeu uma revelação de Deus. Ele procura argumentar, expondo e explicando o significado dos textos do AT que cita e a que alude.

Assim, podemos nos convencer de que a posição de Longenecker é insustentável e não está de acordo com o testemunho que encontramos no NT e, particularmente, segundo o que foi observado até agora, em Hebreus. Ninguém nega os importantes esclarecimentos obtidos ao comparar os escritos do Novo Testamento "com as convenções, temas e práticas encontradas no mundo greco-romano em geral e com os escritos e tradições do judaísmo do Segundo Templo em particular."[20] Afinal, os autores do NT eram homens de seu próprio tempo. Entretanto, ao contrário dessa posição, o AT, como a Palavra revelada de Deus, é a base para os autores do NT e seus ensinamentos. Os autores do NT interpretavam o AT à luz de Cristo, mas também seguindo a própria estrutura hermenêutica de Cristo (Lc 24.27). O AT era a Escritura dos autores do NT. Não consigo ver como os autores do NT poderiam manter uma visão elevada da Escritura como a Palavra de Deus (que é tão clara em Hebreus) e, ao mesmo tempo,

---

19. S. Motyer, "The Psalm Quotations of Hebrews 1: A Hermeneutic-Free Zone?", *TynBul* 50.1 (1999), p. 5.
20. Longenecker, *Biblical Exegesis in the Apostolic Period*, p. xx. O livro todo é uma discussão sobre esse ponto.

ter tamanha desconsideração por seu significado. Pelo contrário, a evidência que se vê em Hebreus é que seu autor acredita em seu argumento e o organiza com base no fato de que o AT é a Palavra de Deus — historicamente confiável, autoritativa e permanente. Aqueles que abusam dela, desconsideram-na ou lhe desobedecem serão punidos. Logo, "é injustificável acusá-los [os autores bíblicos] de mau uso do texto."[21]

Em vez disso, pelas evidências apresentadas, estou convencido de que a abordagem hermenêutica do AT feita pelo autor da Epístola aos Hebreus continua relevante:

> "[Ela] é perfeitamente aceitável hoje [...]. Dentro da Teologia Bíblica, essa hermenêutica permite que a tipologia funcione tanto histórica quanto teologicamente — historicamente, porque faz julgamentos históricos reais sobre as tensões que havia dentro das tradições do Antigo Testamento; teologicamente, porque remonta essas tensões, além de sua matriz histórica e social original, a Cristo como seu referente 'real' implícito."[22]

Para os cristãos de hoje, a interpretação que o NT do AT não é apenas possível, mas desejável. Os autores do NT são modelos de interpretação do AT, e os cristãos não devem apenas afirmar as verdades nele contidas, mas também usá-las didaticamente para aprender a interpretar as Escrituras (a Escritura interpreta a Escritura).

---

21. Douglas Moo, "The Problem of Sensus Plenior", em *Hermeneutics, Authority, and Canon*, D. A. Carson & John D. Woodbridge, eds. (Eugene: Wipf & Stock Publishers, 2005), p. 188.
22. Motyer, "The Psalm Quotations of Hebrews 1: A Hermeneutic-Free Zone?", p. 22.

CAPÍTULO 9
Os usos do Antigo Testamento em Hebreus

Assim como nos outros escritos do NT, o autor de Hebreus usa o AT de várias maneiras.[1] Todos esses caminhos podem ser atribuídos aos princípios hermenêuticos expostos acima. A conclusão a que chego é que, em Hebreus, há seis usos básicos que são atribuídos às passagens veterotestamentárias citadas:

1. Cumprimento direto de uma profecia explícita: o autor cita uma passagem profética do AT para explicitar que ela se cumpriu.
2. Cumprimento indireto de pessoas, eventos ou instituições do AT: o autor pode citar uma passagem que faça menção de um tipo que encontra seu cumprimento em um antítipo do NT.
3. Como autoridade permanente/intrínseca: o escritor pode citar uma passagem do AT como fonte da autoridade indisputável de certa doutrina ou ensino seu, visto que tanto o autor quanto seus leitores consideravam que todo o AT era a Palavra autoritativa de Deus.
4. Analogia ou ilustração: uma passagem do AT pode ser usada como ilustração de um ponto que o escritor queira salientar ou

---

1. Decidi usar as categorias propostas por G. K. Beale (*Handbook on the New Testament Use of the Old Testament: Exegesis and Interpretation* [Grand Rapids: Baker Academic, 2012], p. 55-93).

defender, devido a uma certa similaridade circunstancial ou lexical entre o texto citado e o argumento do autor.
5. Uso assimilado: por vezes, o autor, tão afeito aos textos do AT, incorpora-os ao seu linguajar, expressando-se com os mesmos termos do AT.
6. Como fonte proverbial: o autor se vale de um texto do AT que se refere a um indivíduo ou caso específico e o extrapola para o contexto de seus leitores, aplicando-o a eles.

Outro livro seria necessário para estudar adequadamente os vários usos do AT na Epístola aos Hebreus. O nosso objetivo no presente capítulo é muito mais modesto: simplesmente ofereceremos uma tabela que reúna em cada uma dessas seis categorias as citações do AT que são feitas em Hebreus. Para uma análise mais detalhada e técnica de cada uma dessas citações, recomendamos a você que vá até o Apêndice deste livro, no qual procederemos a uma avaliação de todas essas passagens e faremos algumas considerações sobre elas, além de procurarmos identificar *como* (isto é, concordâncias textuais entre o texto grego e hebraico padrão, assim como variações) e *por que* o texto do AT é citado.

Por ora, porém, pretendemos apenas classificar os diferentes usos teológicos de todas as citações do AT feitas pelo escritor de Hebreus. Deve-se ter em mente, no entanto, que cada uma delas pode ter sido usada de mais de uma maneira, de forma que pode ser encontrada em mais de uma categoria. Além disso, em alguns casos específicos, a classificação não é muito clara ou pode ser alvo de muita discussão. No presente capítulo, não lidaremos com essas minúcias acadêmicas, as quais serão tocadas, sempre que isso se mostrar conveniente, no Apêndice deste livro.

Uso Teológico	Referência(s)
Cumprimento direto	1.5a; 5.5b (Sl 2.7b)
	5.6b; 7.21b (Sl 110.4b)
	8.8-12; 10.16-17 (Jr 31.31-34)
	12.26a (Ag 2.6b)
Cumprimento indireto (tipológico)	1.5b (2Sm 7.14)
	1.13b (Sl 110.1b)
	2.6-8a (Sl 8.5-7)
	2.12 (Sl 21.23)
	2.13 (Is 8.17b-18b)
	3.7b-11, 15; 4.3, 5, 7 (Sl 95.7b-11)
	5.6b; 7.21b (Sl 110.4b)
	6.14 (Gn 22.17a)
	8.5-b (Êx 25.40)
	9.20 (Êx 24.8b)
	10.5-7 (Sl 40.7-9a)
Autoridade permanente	1.5a; 5.5b (Sl 2.7b)
	1.5b (2Sm 7.14)
	1.6b (Dt 32.43)
	1.7b (Sl 104.4)
	1.8-9 (Sl 45.7-8)
	1.10-12 (Sl 102.26-28)
	10.5-7 (Sl 40.7-9a)
	12.5b-6 (Pv 3.11-12)
Analógico ou ilustrativo	3.7b-11, 15; 4.3, 5, 7 (Sl 95.7b-11)
	4.4 (Gn 2.2b)
	6.14 (Gn 22.17a)
	10.30 (Dt 32.35a)
	10.37-38 (Hc 2.3-4)
	12.5b-6 (Pv 3.11-12)
Uso assimilado	12.29 (Dt 4.24)
Proverbial	13.5b (Dt 31.6)
	13.6b (Sl 118.6)

Analisando o uso do AT pelo livro de Hebreus, fica claro que o autor do NT depende fortemente do texto da tradução grega do Antigo Testamento Hebraico, a chamada Septuaginta. No entanto, essa dependência não é total. Pelo contrário, as diferenças são abundantes e algumas são significativas. Contudo, o significado do texto do AT é mantido. As diferenças se devem, principalmente, a fins estilísticos, retóricos ou teológicos.[2] Ao mesmo tempo, o autor do NT fala do AT como a Palavra autorizada de Deus, e isso se torna evidente a partir da maneira como ele trata o AT como um discurso de Deus. O autor do NT, além disso, trata o texto do AT com cuidado por causa da autoridade que esse texto sagrado possui. Da mesma forma, é evidente que ele, na maioria dos casos, não apenas tem em mente o texto particular citado do AT, mas também seu contexto. Concordo com Guthrie quanto ao fato de "que o autor de Hebreus, em vez de adotar uma abordagem atomística para citações das Escrituras de Israel, tinha em mente — e, às vezes, usou — referências do AT à luz de seus contextos mais amplos."[3]

---

2. Novamente, note que essas conclusões são baseadas apenas na comparação feita, que não levou em consideração questões da crítica textual (salvo alguns comentários excepcionais).

3. George H. Guthrie, "Hebrews", em *Commentary on the New Testament Use of the Old Testament*, G. K. Beale & D. A. Carson, eds. (Grand Rapids: Baker Academic, 2007), p. 920.

Conclusão

Para resumir tudo o que foi dito acerca das posições básicas sobre a questão do uso do AT no NT, há uma "distinção entre aqueles que pensam que as citações trazem consigo o contexto do AT e aqueles que pensam que, no NT, os escritores recorrem a textos-prova."[1] O que fica claro na presente pesquisa quanto às pressuposições hermenêuticas do autor de Hebreus não é que o AT é usado como uma prova textual descontextualizada, mas, em vez disso, que o autor de Hebreus cita e expõe o AT com a convicção de que o que ele ensina e aplica a Cristo e ao público contemporâneo é, de fato, o que o texto do AT ensinou, embora de maneira velada, incompleta, insuficiente e, portanto, antecipatória (como se pode esperar de uma sombra, uma cópia ou um símbolo).[2]

Ao longo do livro, tenho argumentado que o estudo do uso do AT no NT deve começar deixando os autores do NT falarem

---

1. Beale & Carson, "Introduction", p. xxvii.
2. Em oposição a Peter Enns, "Fuller Meaning, Single Goal: A Christotelic Approach to the New Testament Use of the Old in Its First-Century Interpretative Environment", em *Three views on the New Testament use of the Old Testament*, Kenneth Berding & Jonathan Lunde, eds. (*Grand Rapids: Zondervan, 2008*): "Tem-se a impressão, na maioria das vezes, de que os autores do NT às vezes exploravam o AT em busca de oportunidades para conectar o que sabiam ser verdade com a história de Israel" (p. 209).

em seus próprios termos. Portanto, eu me concentrei em começar com a teologia da revelação do autor de Hebreus e extrair inferências das próprias crenças do autor e sua abordagem do texto do AT. Para entender o uso do AT em Hebreus, não é preciso ter as mesmas convicções do autor da epístola. Porém, uma compreensão adequada da estrutura hermenêutica do autor deve ser feita do ponto de vista dele. Observamos que "fundamental para suas exposições é a sua convicção, tão memoravelmente exposta na abertura da carta, de que, em Jesus, Deus proferiu sua última e perfeita palavra, assim como de que tudo o que foi escrito no Antigo Testamento deve ser entendido em relação ao seu cumprimento no Filho."[3] O autor de Hebreus claramente acreditava que o AT era a Palavra de Deus, a tal ponto que as palavras do AT podem ser declaradas como sendo de Deus (o Pai), do Filho e do Espírito Santo, embora escritas por vários homens. Como o autor e seu público compartilhavam a crença de que o AT era a revelação de Deus sobre si mesmo e suas obras redentivas, eles também acreditavam em sua veracidade, confiabilidade histórica, autoridade perene e relevância contínua e universal.

Buscamos esclarecer que o(s) argumento(s) no livro de Hebreus depende(m), entre outras coisas, do significado dos textos do AT. "O escritor pode, é claro, ir além do que o autor original tinha em mente, mas isso é uma questão de extensão, não de apropriação indevida."[4] Ademais, concluímos que o autor de Hebreus compartilha um quadro hermenêutico comum com os autores do AT e segue a tradição interpretativa deles, sobretudo no uso tipológico que o AT fazia do próprio AT. No fim, podemos acrescentar que "os primeiros mestres cristãos seguiam fielmente

---

3. Richard Thomas France, "The Writer of Hebrews as a Biblical Expositor", *TynBul* 47, n. 2 (1996), p. 268.
4. Ibid., p. 273.

CONCLUSÃO

o padrão de interpretação estabelecido por aquele que, com propriedade, 'expunha-lhes o que a seu respeito constava em todas as Escrituras' (Lc 24.27; cf. v. 44)."[5]

À luz do que foi discutido acima, estou convencido de que é necessário um estudo mais aprofundado sobre o uso dos textos anteriores do AT em textos posteriores do próprio AT. Não questiono os possíveis esclarecimentos que podem surgir de novas explorações do judaísmo antigo e suas escolas de interpretação. Todavia, parece claro que os autores do Novo Testamento se veem como filhos da tradição do Antigo Testamento, em vez de outras escolas contemporâneas de interpretação. Além do mais, mesmo que alguns paralelos sejam aduzidos, é impossível concluir o tipo de relação entre as duas tradições. Estou convencido de que há muito a ganhar com o estudo da estrutura hermenêutica dos autores do AT, demonstrada quando eles citam textos anteriores do próprio AT, bem como com a observação dos paralelos e semelhanças na maneira como os autores do NT interpretam o AT.

Devemos deixar de lado o esnobismo cronológico daqueles que buscam ser condescendentes com os pobres escritores do Novo Testamento, que, supostamente, apenas faziam uso dos métodos exegéticos pouco desenvolvidos e ultrapassados de seu tempo. Esses métodos, segundo essa visão, levavam os primeiros cristãos a interpretar o Antigo Testamento de maneiras muito diferentes daquelas pretendidas pelos seus escritores. Como buscamos demonstrar ao longo do livro, os escritores do Novo Testamento, ao contrário do que alguns têm proposto, não faziam uma exegese descontextualizada e totalmente subjetiva do Antigo

---

5. Ibid., p. 275.

Testamento. O seu método, herdeiro direto da exegese vetero-testamentária, não é apenas válido em nossos dias, mas digno de imitação e reprodução da nossa parte. Todos aqueles que querem interpretar a Bíblia com precisão, chegando ao seu significado real e objetivo, precisam lê-la como o autor de Hebreus. Ele não só tinha uma teologia sã, mas uma exegese sã. Sigamos os seus passos, portanto.

APÊNDICE
Citações do Antigo Testamento em Hebreus

INTRODUÇÃO

O objetivo deste apêndice é duplo: avaliar as citações do AT em Hebreus no que diz respeito ao seu uso textual e hermenêutico. Procuro identificar *como* (ou seja, acordos textuais ou variações do padrão da Septuaginta) e *por que* o texto do AT é citado. O objetivo é ser tanto simples quanto intencionalmente focado, embora, como você certamente notará, a presente seção seja mais técnica do que os anteriores. Caso a discussão a seguir lhe pareça demasiadamente acadêmica, fique à vontade para saltá-la. Fico feliz por ter chegado até este ponto.

Abaixo, listo os vários usos teológicos das citações do AT no livro de Hebreus, as quais podem ter sido empregadas de mais de uma maneira. Uma tabela é fornecida para cada uma delas, na qual o Texto Massorético (TM), a Septuaginta (LXX) e a NA28 são citados lado a lado. Abaixo desses textos, acrescento a tradução para o português do texto de Hebreus citado conforme a

ARA. Procurei ser amigável ao leitor na apresentação dos textos paralelos. Da mesma forma, para simplificar a comparação, coloquei apenas em paralelo a citação propriamente dita, deixando de lado qualquer contexto ou mesmo fórmulas introdutórias.

Um estudo mais profundo (e mais adequado) do uso do AT no livro de Hebreus exigiria uma análise mais crítica de cada texto. A discussão é ampla e complexa.[1] Portanto, destacaremos principalmente as semelhanças e diferenças entre (1) o TM e a LXX e, em seguida, (2) entre o NT e a LXX (e o TM). Não discutiremos o porquê de tais diferenças e as possíveis soluções (isso exigiria um livro completo!).

Quanto à escolha dos textos a analisar, são utilizadas apenas citações explícitas. No entanto, os estudiosos divergem consideravelmente tanto na definição quanto no reconhecimento de uma citação. Como diz Guthrie, "Longenecker, por exemplo, contou 38 citações, enquanto Westcott e Caird encontraram, cada um, apenas 29; Michel discerniu 32; Spicq, 36; e Bratcher, 40."[2] O próprio Guthrie contou 37. Como o objetivo deste capítulo não é discutir o que é uma citação e como reconhecê-la, nossa escolha pode parecer arbitrária.

Tomei como fonte primária para as citações a obra de Archer e Chirichigno,[3] de maneira que deixei de fora aquelas passagens que não pareciam citações explícitas do AT, mesmo que pudessem aludir a uma passagem do AT e até usar parte da sua linguagem. Por exemplo, não analisei nenhuma das alusões ao AT no capítulo 11 de Hebreus (ou seja, os versículos 5, 11 e 21). O autor

---

1. Guthrie, "Hebrews", p. 922ss.
2. Ibid., p. 919.
3. Gleason L. Archer e Gregory Chirichigno, *Old Testament Quotations in the New Testament* (Eugene: Wipf & Stock, 2005).

dá numerosos exemplos de fé no capítulo 11, porém ele não parece citar o texto em si, mas apenas mencionar os eventos, mesmo que a linguagem, às vezes (especialmente nos versículos 5, 11, 21), seja semelhante ao texto do AT. Isso também vale para Hebreus 12.20-21. Outros textos que deixamos de fora incluem Hebreus 7.1-2, 12.26, 12.29.

Finalmente, uma palavra sobre o interessante caso de Hebreus 13.5-6: incluímos as duas citações, embora eu questione se o autor citou conscientemente o AT. Ele não usa nenhuma fórmula introdutória (como tantas vezes faz em outras passagens), e não fica claro se sua intenção é citar o AT. Todavia, consideramos que se trata de uma citação explícita, provavelmente usada de forma proverbial ou assimilada.

Uma vez que cada texto do NT é comparado com os textos citados (tanto com o TM como com a LXX), um uso hermenêutico/teológico é proposto para cada um deles. A título de esclarecimento, sigo as categorias propostas por Beale: quando houver acordo triplo, o texto é retratado regularmente, sem destaque algum; em caso de dupla concordância, o texto será destacado em *itálico*; elementos únicos (gramática, terminologia) são <u>sublinhados</u>; se houver alteração na ordem das palavras, o texto será <u>sublinhado duplamente</u>.[4]

---

4. Beale, *Handbook on the New Testament Use of the Old Testament*.

AS CITAÇÕES DO ANTIGO TESTAMENTO
NO LIVRO DE HEBREUS

Salmo 2.7b TM	Salmo 2.7b LXX	Hebreus 1.5a NA28
בְּנִי אַתָּה	υἱός μου εἶ σύ	υἱός μου εἶ σύ
אֲנִי הַיּוֹם יְלִדְתִּיךָ	ἐγὼ σήμερον γεγέννηκά σε	ἐγὼ σήμερον γεγέννηκά σε
"Tu és meu Filho, eu hoje te gerei..." (Hb 1.5a ARA)		

OBSERVAÇÕES:

- A LXX tem uma tradução muito própria do TM. Trata-se de uma tradução literal que mantém a ordem das palavras. Acrescenta o εἶ implícito à cláusula hebraica sem verbo.
- O texto do NT é uma citação palavra por palavra da LXX.
- *Uso teológico:* as citações do capítulo 1 devem ser vistas em conjunto. O principal argumento em Hebreus 1.5-14 é que Cristo é "superior aos anjos" (Hb 1.4). O autor do livro de Hebreus usa a autoridade do AT como base para seu argumento. Por que o Filho é superior aos anjos? Por causa do que o AT diz sobre os anjos e sobre o Filho. Portanto, conclui-se que o Filho é muito mais excelente e superior aos anjos (notem-se as afirmações: "a qual dos anjos ele alguma vez disse" [duas vezes], "dos anjos ele diz [...] mas do Filho ele diz").

Há sete citações do AT no capítulo 1. A maioria das citações é do livro de Salmos, exceto duas (Dt 32.43; 2Sm 7.14 = 1Cr 17.13). Em Hebreus 1.5a, o Salmo 2.7 é citado. Esse salmo é geralmente considerado como parte dos chamados "Salmos Messiânicos". O Salmo 2 inclui a promessa ("anunciarei o decreto" — 2.7a) daquele a quem Deus chama de "Filho" e que exercerá uma autoridade universal (2.8-9).

Observe que as afirmações de que Jesus é (1) o Filho de Deus, (2) o herdeiro ou governante de todas as coisas, (3) o próprio Criador e (4) a expressão exata da natureza de Deus são apresentadas na introdução ao livro (Hb 1.2-3). Ora, as diversas citações servem como prova dessas afirmações.

O autor de Hebreus vê o cumprimento dessa promessa na pessoa de Jesus. Desse modo, ele usa o Salmo 2.7 como um "cumprimento direto" dessa promessa. Além disso, seu uso também é como a "autoridade permanente" herdada do AT. Se o AT diz que o Messias é o Filho de Deus, e se Jesus é o Messias, então, Jesus é o Filho.

2 Samuel 7.14a e 1 Crônicas 17.13a TM	2 Reinos 7.14a e 1 Crônicas 17.13a LXX	Hebreus 1.5b NA28
אֲנִי אֶהְיֶה־לּוֹ לְאָב וְהוּא יִהְיֶה־לִּי לְבֵן	ἐγὼ ἔσομαι αὐτῷ εἰς πατέρα καὶ αὐτὸς ἔσται μοι εἰς υἱόν	ἐγὼ ἔσομαι αὐτῷ εἰς πατέρα καὶ αὐτὸς ἔσται μοι εἰς υἱόν
אֲנִי אֶהְיֶה־לּוֹ לְאָב וְהוּא יִהְיֶה־לִּי לְבֵן	ἐγὼ ἔσομαι αὐτῷ εἰς πατέρα καὶ αὐτὸς ἔσται μοι εἰς υἱόν	

"Eu lhe serei Pai, e ele me será Filho..." (Hb 1.5b ARA)

OBSERVAÇÕES:

- A LXX é uma boa tradução do TM. É uma tradução literal e mantém a ordem das palavras. A preposição לְ (duas vezes) é traduzida pelo uso do caso dativo em αὐτῷ e μοι.

- O NT é uma citação perfeita da LXX.
- *Uso teológico:* a segunda citação da sequência no capítulo 1 é 2 Samuel 7.14a (1 Cr 17.13a). O capítulo 7 de 2 Samuel é aquele que apresenta a aliança de Deus com o rei Davi e seus descendentes — em particular, um cujo reino será eterno (7.12-14).

O autor de Hebreus vê o cumprimento dessa promessa na pessoa de Jesus. Ela tem uma dupla utilização. Primeiro, o autor usa 2 Samuel 7.14a como um "cumprimento indireto/tipológico" dessa promessa. Salomão construiria uma "casa" para Deus, mas ele era apenas um tipo de um Salomão melhor, Jesus, cujo trono seria estabelecido para sempre. Além disso, seu uso também é como "autoridade permanente" herdada do AT. Se o AT diz que um dos descendentes de Davi terá uma relação de Pai-Filho com Deus, e se Jesus é o descendente prometido de Davi, então, Jesus é o Filho de Deus.

Deuteronômio 32.43 e Salmo 97.7 TM	Deuteronômio 32.43 e Salmo 96.7 LXX	Hebreus 1.6b NA28
-	καὶ προσκυνησάτωσαν αὐτῷ πάντες <u>υἱοὶ</u> θεοῦ.	καὶ προσκυνησάτωσαν αὐτῷ πάντες <u>ἄγγελοι</u> θεοῦ.
הִשְׁתַּחֲווּ־לוֹ כָּל־אֱלֹהִים	προσκυνήσατε αὐτῷ, πάντες <u>οἱ</u> ἄγγελοι <u>αὐτοῦ</u>.	<u>καὶ</u> προσκυνησάτωσαν αὐτῷ πάντες ἄγγελοι <u>θεοῦ</u>.

"E todos os anjos de Deus o adorem." (Hb 1.6b ARA)

OBSERVAÇÕES:

- Hebreus 1.6b é uma citação de Deuteronômio 32.43 ou Salmo 96.7?

- Deuteronômio 32.43: essas palavras, na LXX, não têm correspondência no TM (embora haja evidências de que alguns manuscritos hebraicos as incluíram). O NT cita Deuteronômio 32.43 da LXX, palavra por palavra.
- Salmo 97.7: a LXX tem uma boa tradução do TM. Ele interpreta אֱלֹהִים como οἱ ἄγγελοι e acrescenta αὐτοῦ para esclarecimento. Em comparação com a LXX, o NT acrescenta καὶ, retira οἱ e esclarece ainda mais αὐτοῦ como θεοῦ.
- *Uso teológico:* a terceira citação vem de Deuteronômio 32.43 ou do Salmo 96.7. Presumimos aqui que Hebreus cita Deuteronômio 32.43.[5]

Deuteronômio 32.43 é a conclusão do que é conhecido como o Cântico de Moisés (ver Dt 32.44). A música termina com duas ordens ("regozijem-se" e "curvem-se") seguidas de quatro razões para essas ordens. O segundo dos mandamentos diz: "e adorem-no todos os anjos de Deus". Como parte da criação de Deus, é dever dos anjos adorá-lo. Visto que Jesus é o Filho de Deus, os anjos devem adorá-lo como Deus. Logo, o autor de Hebreus usa a "autoridade permanente" herdada do AT.

Salmo 104.4 TM	Salmo 103.4 LXX	Hebreus 1.7b NA28
עֹשֶׂה מַלְאָכָיו רוּחוֹת מְשָׁרְתָיו אֵשׁ לֹהֵט	ὁ ποιῶν τοὺς ἀγγέλους αὐτοῦ πνεύματα καὶ τοὺς λειτουργοὺς αὐτοῦ πῦρ φλέγον	ὁ ποιῶν τοὺς ἀγγέλους αὐτοῦ πνεύματα καὶ τοὺς λειτουργοὺς αὐτοῦ πυρὸς φλόγα

"Aquele que a seus anjos faz ventos, e a seus ministros, labareda de fogo..." (Hb 1.7b ARA)

---

5. Para uma explicação, ver Cockerill, *The Epistle to the Hebrews*, NICNT (Grand Rapids: Eerdmans, 2012), p. 105; Guthrie, "Hebrews", p. 930ss.

OBSERVAÇÕES:

- A LXX mantém a ordem das palavras do TM, mas esclarece a ambiguidade do sujeito/objeto. Além disso, restringe o significado de מַלְאָכָיו como τοὺς ἀγγέλους αὐτοῦ. O NT segue a LXX de perto, embora troque o particípio da LXX φλέγον por φλόγα.
- *Uso teológico:* novamente, o autor de Hebreus tenta argumentar com base na "autoridade permanente" do AT para a Igreja do Novo Testamento, desenhando o ensino a respeito dos anjos e do Filho de Deus. Nessa citação, os anjos são apresentados como seres gloriosos. Todavia, embora gloriosos, não podem ser comparados com o Filho (veja a próxima citação).

Salmo 45.7-8 TM	Salmo 44.7-8 LXX	Hebreus 1.8-9 NA28
7 כִּסְאֲךָ אֱלֹהִים	7 ὁ θρόνος σου ὁ θεός	8 ὁ θρόνος σου ὁ θεὸς
עוֹלָם וָעֶד	εἰς τὸν αἰῶνα τοῦ αἰῶνος	εἰς τὸν αἰῶνα τοῦ αἰῶνος
שֵׁבֶט מִישֹׁר	ῥάβδος εὐθύτητος	καὶ ἡ ῥάβδος τῆς εὐθύτητος
שֵׁבֶט מַלְכוּתֶךָ	ἡ ῥάβδος τῆς βασιλείας σου	ῥάβδος τῆς βασιλείας σου
8 אָהַבְתָּ צֶּדֶק	8 ἠγάπησας δικαιοσύνην	9 ἠγάπησας δικαιοσύνην
וַתִּשְׂנָא־רֶשַׁע	καὶ ἐμίσησας ἀνομίαν	καὶ ἐμίσησας ἀνομίαν
עַל־כֵּן ׀ מְשָׁחֲךָ אֱלֹהִים	διὰ τοῦτο ἔχρισέν σε ὁ θεός	διὰ τοῦτο ἔχρισέν σε ὁ θεὸς
אֱלֹהֶיךָ שֶׁמֶן	ὁ θεός σου ἔλαιον	ὁ θεός σου ἔλαιον
שָׂשׂוֹן	ἀγαλλιάσεως	ἀγαλλιάσεως
מֵחֲבֵרֶיךָ	παρὰ τοὺς μετόχους σου	παρὰ τοὺς μετόχους σου

"⁸ O teu trono, ó Deus, é para todo o sempre; e: Cetro de equidade é o cetro do seu reino. ⁹ Amaste a justiça e odiaste a iniquidade; por isso, Deus, o teu Deus, te ungiu com o óleo de alegria como a nenhum dos teus companheiros." (Hb 1.8-9 ARA)

OBSERVAÇÕES:

- A LXX tem traduções muito literais do TM (palavra por palavra). O NT cita a LXX quase perfeitamente. O NT acrescenta καὶ e os artigos na frase καὶ ἡ ῥάβδος τῆς εὐθύτητος, além de omitir um artigo (anartro) antes da segunda ocorrência da palavra ῥάβδος.
- *Uso teológico:* o autor já havia estabelecido em 1.5 que Jesus é o prometido Filho de Deus, descendente do rei Davi, o qual Deus prometeu que reinaria para sempre (2Sm 7.12-14). Se o Filho ocupasse esse trono, e o trono é o trono de Deus, então, o Filho é Deus. Os anjos são gloriosos (1.7), mas o Filho ocupa o trono celestial com uma glória muito maior. Portanto, o autor de Hebreus usa a "autoridade permanente" do Salmo 45.7-8 para defender a superioridade do Filho sobre os anjos. Além disso, Jesus é o "cumprimento direto" da realidade do Salmo: Jesus está sentado em seu trono nas alturas e governa todas as coisas.

Salmo 102.26-28 TM	Salmo 101.26-28 LXX	Hebreus 1.10-12 NA28
26 לְפָנִים הָאָרֶץ יָסַדְתָּ וּמַעֲשֵׂה יָדֶיךָ שָׁמָיִם	26 κατ' ἀρχὰς σύ κύριε τὴν γῆν ἐθεμελίωσας καὶ ἔργα τῶν χειρῶν σού εἰσιν οἱ οὐρανοί	10 <u>σὺ</u> κατ' ἀρχάς κύριε τὴν γῆν ἐθεμελίωσας καὶ ἔργα τῶν χειρῶν σού εἰσιν οἱ οὐρανοί
27 הֵמָּה | יֹאבֵדוּ וְאַתָּה תַעֲמֹד וְכֻלָּם כַּבֶּגֶד יִבְלוּ כַּלְּבוּשׁ תַּחֲלִיפֵם	27 αὐτοὶ ἀπολοῦνται σὺ δὲ διαμενεῖς καὶ πάντες ὡς ἱμάτιον παλαιωθήσονται *καὶ ὡσεὶ περιβόλαιον ἀλλάξεις αὐτούς*	11 αὐτοὶ ἀπολοῦνται σὺ δὲ <u>διαμένεις</u> καὶ πάντες ὡς ἱμάτιον παλαιωθήσονται 12 *καὶ ὡσεὶ περιβόλαιον* <u>ἑλίξεις αὐτούς</u> <u>ὡς ἱμάτιον</u>

וְיַחֲלֹ֑פוּ	καὶ ἀλλαγήσονται	καὶ ἀλλαγήσονται
וְאַתָּה־ה֑וּא 28	28 σὺ δὲ ὁ αὐτὸς εἶ	σὺ δὲ ὁ αὐτὸς εἶ
וּשְׁנוֹתֶ֥יךָ	καὶ τὰ ἔτη σου	καὶ τὰ ἔτη σου
לֹ֣א יִתָּֽמּוּ	οὐκ ἐκλείψουσιν	οὐκ ἐκλείψουσιν

"[10] No princípio, Senhor, lançaste os fundamentos da terra, e os céus são obra das tuas mãos; [11] eles perecerão; tu, porém, permaneces; sim, todos eles envelhecerão qual veste; [12] também, qual manto, os enrolarás, e, como vestes, serão igualmente mudados; tu, porém, és o mesmo, e os teus anos jamais terão fim." (Hb 1.10-12 ARA)

OBSERVAÇÕES:

- A LXX segue de perto o TM, embora mude o TM às vezes: (1) acrescenta o vocativo σύ κύριε; (2) adiciona o verbo implícito εἰσιν à cláusula hebraica sem verbo; (3) ἔργα é plural, ao passo que מַעֲשֵׂה é singular; (4) a LXX acrescenta καὶ antes de ὡσεὶ περιβόλαιον.
- O NT segue a LXX, embora com algumas mudanças: (1) o pronome pessoal σὺ está em uma posição diferente; (2) o futuro da LXX (διαμενεῖς) é, no NT, o presente (διαμένεις). (3) Em vez de ἀλλάξεις αὐτούς, o NT traz ἑλίξεις αὐτούς; (4) o NT duplica a frase ὡς ἱμάτιον.
- *Uso teológico:* primeiro, observe como cada citação se baseia na outra. Depois de Jesus já ter sido estabelecido como o Filho de Deus, digno de adoração, que ocupa o trono de Deus e cujo reino não tem fim, ele agora é identificado como o Criador de todas as coisas. Se ele é Deus, criou também os anjos, o que significa que Jesus é superior a eles. Portanto, o autor usou a "autoridade permanente" herdada do AT.

Salmo 110.1b TM	Salmo 109.1b LXX	Hebreus 1.13b NA28
שֵׁב לִימִינִי	Κάθου ἐκ δεξιῶν μου	κάθου ἐκ δεξιῶν μου
עַד־אָשִׁית אֹיְבֶיךָ	ἕως ἂν θῶ τοὺς ἐχθρούς σου	ἕως ἂν θῶ τοὺς ἐχθρούς σου
הֲדֹם לְרַגְלֶיךָ	ὑποπόδιον τῶν ποδῶν σου	ὑποπόδιον τῶν ποδῶν σου

"Assenta-te à minha direita, até que eu ponha os teus inimigos por estrado dos teus pés..." (Hb 1.13b ARA)

OBSERVAÇÕES:

- A LXX traduz o TM literalmente e palavra por palavra.
- O NT segue a LXX perfeitamente.
- *Uso teológico:* nesse ponto de seu argumento, Hebreus usa o texto do AT mais citado no NT (Sl 110). Como veremos abaixo, esse Salmo real, de natureza profética, é fundamental para todo o livro. O tom é orientado para o futuro. O Salmo é empregado como a pedra angular das citações usadas no capítulo 1. Hebreus usa o Salmo 110.1 como um "cumprimento indireto" (tipológico) na pessoa de Jesus, que está situado à direita do Pai. A aliança feita com Davi e sua descendência é plenamente realizada na pessoa de Cristo.

Salmo 8.5-7 TM	Salmo 8.5-7 LXX	Hebreus 2.6-8a NA28
5 מָה־אֱנוֹשׁ	5 τί ἐστιν ἄνθρωπος	6 τί ἐστιν ἄνθρωπος
כִּי־תִזְכְּרֶנּוּ	ὅτι μιμνήσκῃ αὐτοῦ	ὅτι μιμνήσκῃ αὐτοῦ
וּבֶן־אָדָם	ἢ υἱὸς ἀνθρώπου	ἢ υἱὸς ἀνθρώπου
כִּי תִפְקְדֶנּוּ	ὅτι ἐπισκέπτῃ αὐτόν	ὅτι ἐπισκέπτῃ αὐτόν
6 וַתְּחַסְּרֵהוּ מְּעַט	6 ἠλάττωσας αὐτὸν βραχύ τι	7 ἠλάττωσας αὐτὸν βραχύ τι
מֵאֱלֹהִים	παρ ἀγγέλους	παρ' ἀγγέλους
וְכָבוֹד וְהָדָר תְּעַטְּרֵהוּ	δόξῃ καὶ τιμῇ ἐστεφάνωσας αὐτόν	δόξῃ καὶ τιμῇ ἐστεφάνωσας αὐτόν

תַּמְשִׁילֵהוּ 7	7 καὶ κατέστησας αὐτὸν	
בְּמַעֲשֵׂי יָדֶיךָ	ἐπὶ τὰ ἔργα τῶν χειρῶν σου	
כֹּל שַׁתָּה	πάντα ὑπέταξας	8 πάντα ὑπέταξας
תַּחַת־רַגְלָיו	ὑποκάτω τῶν ποδῶν αὐτοῦ	ὑποκάτω τῶν ποδῶν αὐτοῦ

"⁶ Que é o homem, que dele te lembres? Ou o filho do homem, que o visites? ⁷ Fizeste-o, por um pouco, menor que os anjos, de glória e de honra o coroaste [e o constituíste sobre as obras das tuas mãos]. ⁸ Todas as coisas sujeitaste debaixo dos seus pés." (Hb 2.6-8a ARA)

OBSERVAÇÕES:

- A LXX segue de perto o TM. Deve-se, porém, observar: (1) a LXX acrescenta o implícito ἐστιν à cláusula hebraica sem verbo; (2) a LXX escolhe traduzir אֱנוֹשׁ e אָדָם como ἄνθρωπος. (3) A LXX acrescenta τι depois de βραχύ; (4) a expressão ambígua מֵאֱלֹהִים é esclarecida como παρ᾽ ἀγγέλους. (5) A LXX descarta o primeiro ו na frase וְכָבוֹד וְהָדָר.
- O NT cita a LXX palavra por palavra, embora omita a frase καὶ κατέστησας αὐτὸν ἐπὶ τὰ ἔργα τῶν χειρῶν σου.[6]
- *Uso teológico:* mais uma vez, o livro dos Salmos é interpretado como sendo de natureza profética. Hebreus usa esse Salmo para destacar tanto a humilhação (encarnação) quanto a exaltação de Cristo. Jesus é visto como o "cumprimento indireto" (tipológico) do Salmo 8. Aquilo para que a humanidade foi criada (veja as bênçãos dadas à humanidade em Gn 1.26) e que o pecado desfigurou agora foi perfeitamente realizado em Cristo. Embora "ainda não vejamos que todas as coisas estão sujeitas a ele" (Hb 2.8b),

---

6. "[Uma] variante textual na citação em 2.7, 'e o designou sobre as obras de suas mãos', ocorre nos texto hebraico e na LXX, mas foi omitida dos textos gregos padrão do NT de Hebreus, apesar de uma riqueza de testemunhas a favor da variante (por exemplo, ℵ A C D*; é omitido em 𝔓⁴⁶ B D²)" (Guthrie, "Hebrews", p. 946).

essa realidade é, no entanto, vívida. Cristo está sentado à direita do Pai, e todas as coisas lhe estão sujeitas.

Salmo 22.23 TM	Salmo 21.23 LXX	Hebreus 2.12 NA28
אֲסַפְּרָה שִׁמְךָ לְאֶחָי בְּתוֹךְ קָהָל אֲהַלְלֶךָּ	διηγήσομαι τὸ ὄνομά σου τοῖς ἀδελφοῖς μου ἐν μέσῳ ἐκκλησίας ὑμνήσω σε	ἀπαγγελῶ τὸ ὄνομά σου τοῖς ἀδελφοῖς μου ἐν μέσῳ ἐκκλησίας ὑμνήσω σε

"A meus irmãos declararei o teu nome, cantar-te-ei louvores no meio da congregação." (Hb 2.12 ARA)

OBSERVAÇÕES:

- A LXX segue de perto o TM.
- O NT cita a LXX quase perfeitamente, exceto por trocar o verbo διηγήσομαι por ἀπαγγελῶ.
- *Uso teológico:* essa citação e a próxima são usadas juntas para apoiar a solidariedade do Filho de Deus com seu povo nas obras divinas de salvação. Em particular, a humilhação e o sofrimento de Cristo são discutidos como um caminho necessário para sua exaltação (Hb 2.9). Para apoiar isso, Hebreus cita o Salmo 22, um salmo atribuído a Davi (com o qual Hebreus já argumentou que Cristo está alinhado). O sofrimento de Davi é o tipo do sofrimento de Cristo. De fato, as palavras desse Salmo foram proferidas por Jesus na cruz como o momento culminante do sofrimento do Ungido (Mt 27.46). Da mesma forma, Hebreus cita o Salmo 22.23 porque vê Cristo como um "cumprimento indireto" (tipológico) dele.

Isaías 8.17b-18b TM	Isaías 8.17b-18a LXX	Hebreus 2.13 NA28
[...] 17	17 [...]	καὶ πάλιν
וְקִוֵּ֥יתִי	καὶ πεποιθὼς ἔσομαι	ἐγὼ ἔσομαι πεποιθὼς
לֽוֹ	ἐπ' αὐτῷ	ἐπ' αὐτῷ
		καὶ πάλιν
18 הִנֵּ֣ה אָנֹכִ֗י וְהַיְלָדִים֙	18 ἰδοὺ ἐγὼ καὶ τὰ παιδία	ἰδοὺ ἐγὼ καὶ τὰ παιδία
אֲשֶׁ֤ר נָֽתַן־לִי֙ יְהוָ֔ה	ἅ μοι ἔδωκεν ὁ θεός	ἅ μοι ἔδωκεν ὁ θεός

"Eu porei nele a minha confiança. E ainda: Eis aqui estou eu e os filhos que Deus me deu." (Hb 2.13 ARA)

OBSERVAÇÕES:

- A LXX segue o TM de perto, embora (1) μοι ocorra antes de ἔδωκεν na LXX, enquanto, no TM, lê-se נָֽתַן־לִי. Além disso, (2) onde o TM lê יְהוָה, a LXX lê ὁ θεός.
- O NT segue a LXX, exceto pelo fato de que (1) ἐγὼ é acrescentado no texto do NT; (2) há uma mudança na ordem das palavras na frase ἔσομαι πεποιθὼς.
- *Uso teológico:* veja a citação anterior. O tema da solidariedade de Cristo com o povo que ele salva continua nessa citação. "Convinha que, em todas as coisas, [Cristo] se tornasse semelhante aos irmãos" (2.17), para estar apto a alcançar salvação (fazendo propiciação pelos pecados) para o seu povo.

Em Isaías 8, o profeta expressa a confiança que os fiéis têm em Deus. Apesar de todos os perigos que o povo de Deus enfrenta, os fiéis ainda confiam em Deus. Essa confissão de confiança precede a esperança nas promessas de Deus. No meio da escuridão, uma luz brilhará (Is 9.2). "Porque um menino nos nasceu, um filho se nos deu, e o principado está sobre os seus ombros e se chamará o seu nome: Maravilhoso, Conselheiro, Deus Forte, Pai da Eternidade, Príncipe da Paz"

(Is 9.6). Essas promessas de salvação são vistas em Hebreus (e em outras partes do NT; ver Lc 2.11) como plenamente cumpridas em Cristo. Deus trouxe a salvação ao seu povo antes da vinda de Cristo, mas, em Cristo, os planos de salvação de Deus são perfeitamente realizados. Logo, esse é outro exemplo de "cumprimento indireto" (tipológico) do AT em Hebreus.

Salmo 95.7b-11 TM	Salmo 94.7b-11 LXX	Hebreus 3.7b-11 NA28
7 הַיּוֹם	7 σήμερον	7 σήμερον
אִם־בְּקֹלוֹ	ἐὰν τῆς φωνῆς αὐτοῦ	ἐὰν τῆς φωνῆς αὐτοῦ
תִשְׁמָעוּ	ἀκούσητε	ἀκούσητε
8 אַל־תַּקְשׁוּ	8 μὴ σκληρύνητε	8 μὴ σκληρύνητε
לְבַבְכֶם	τὰς καρδίας ὑμῶν	τὰς καρδίας ὑμῶν
כִּמְרִיבָה	ὡς ἐν τῷ παραπικρασμῷ	ὡς ἐν τῷ παραπικρασμῷ
כְּיוֹם	κατὰ τὴν ἡμέραν	κατὰ τὴν ἡμέραν
מַסָּה	τοῦ πειρασμοῦ	τοῦ πειρασμοῦ
בַּמִּדְבָּר	ἐν τῇ ἐρήμῳ	ἐν τῇ ἐρήμῳ
9 אֲשֶׁר נִסּוּנִי	9 οὗ ἐπείρασαν	9 οὗ ἐπείρασαν
אֲבוֹתֵיכֶם	οἱ πατέρες ὑμῶν	οἱ πατέρες ὑμῶν
בְּחָנוּנִי גַּם־רָאוּ	ἐδοκίμασαν καὶ εἴδοσαν	ἐν δοκιμασίᾳ καὶ εἶδον
פָעֳלִי	τὰ ἔργα μου.	τὰ ἔργα μου
10 אַרְבָּעִים שָׁנָה	10 τεσσαράκοντα ἔτη	10 τεσσεράκοντα ἔτη
אָקוּט	προσώχθισα	διὸ προσώχθισα
בְּדוֹר	τῇ γενεᾷ ἐκείνῃ	τῇ γενεᾷ ταύτῃ
וָאֹמַר	καὶ εἶπα	καὶ εἶπον
עַם תֹּעֵי לֵבָב הֵם	ἀεὶ πλανῶνται τῇ καρδίᾳ	ἀεὶ πλανῶνται τῇ καρδίᾳ
וְהֵם לֹא־יָדְעוּ	καὶ αὐτοὶ οὐκ ἔγνωσαν	αὐτοὶ δὲ οὐκ ἔγνωσαν
דְרָכָי	τὰς ὁδούς μου	τὰς ὁδούς μου
11 אֲשֶׁר־נִשְׁבַּעְתִּי בְאַפִּי	11 ὡς ὤμοσα ἐν τῇ ὀργῇ μου	11 ὡς ὤμοσα ἐν τῇ ὀργῇ μου
אִם־יְבֹאוּן	εἰ εἰσελεύσονται	εἰ εἰσελεύσονται
אֶל־מְנוּחָתִי	εἰς τὴν κατάπαυσίν μου	εἰς τὴν κατάπαυσίν μου

"7 ... Hoje, se ouvirdes a sua voz, ⁸ não endureçais o vosso coração como foi na provocação, no dia da tentação no deserto, ⁹ onde os vossos pais me tentaram, pondo-me à prova, e viram as minhas obras por quarenta anos.
¹⁰ Por isso, me indignei contra essa geração e disse: Estes sempre erram no coração; eles também não conheceram os meus caminhos. ¹¹ Assim, jurei na minha ira: Não entrarão no meu descanso." (Hb 3.7b-11 ARA)

OBSERVAÇÕES:

- A LXX segue o TM de perto, embora haja várias observações a ser feitas (que destacam como a citação neotestamentária depende da LXX): (1) a LXX omite a preposição ב e usa o caso genitivo para o objeto do verbo ἀκούσητε. (2) A LXX acrescenta a preposição ἐν antes de τῷ παραπικρασμῷ; (3) o hebraico כִּמְרִיבָה pode se referir tanto a um lugar (Meribá) quanto a um evento (a rebelião). A LXX traduz como παραπικρασμῷ (a rebelião). (4) Da mesma forma, o hebraico מַסָּה pode se referir tanto a um lugar (Massá) quanto a um evento (o pôr à prova); a LXX escolheu o último (o pôr à prova). (5) Ao traduzir a palavra hebraica בְּחָנוּנִי, a LXX omite o pronome pessoal ("me"). (6) Novamente, a preposição ב em בְּדוֹר é omitida. O caso dativo em τῇ γενεᾷ ἐκείνῃ é usado para indicar o objeto indireto de προσώχθισα. (7) A LXX acrescenta ἐκείνῃ após τῇ γενεᾷ para esclarecimento. (8) A principal diferença entre o TM e a LXX diz respeito à tradução da frase עַם תֹּעֵי לֵבָב הֵם (lit.: "eles são um povo errante de coração"). A LXX mantém o significado, mas lê ἀεὶ πλανῶνται τῇ καρδίᾳ (lit.: "sempre eles são desviados em seus corações").
- Hebreus segue claramente a LXX, embora com algumas mudanças: (1) acrescenta διὸ antes de προσώχθισα; (2) o NT usa o demonstrativo próximo ταύτῃ, em vez do demonstrativo distante

da LXX ἐκείνῃ; (3) a forma εἶπα, usada na LXX, torna-se εἶπον; (4) o καὶ da LXX é traduzido como δὲ.

- *Uso teológico:* ora, uma vez que Cristo é estabelecido como maior do que os anjos, ele também é maior do que Moisés (e Josué [ver Hb 4.8]). Moisés foi fiel em seu ministério, mas Jesus é fiel em seu papel de Filho (Hb 3.5-6). Assim como Cristo foi fiel, aqueles que são de sua família (casa — ele já os chamou de irmãos e filhos) devem se apegar à fé que têm. O Salmo 95.7-11 é usado (e reutilizado [ver Hb 3.15; 4.3, 5, 7 abaixo]) de forma "analógica ou ilustrativa". O autor procura exortar os leitores à fidelidade, para que entrem no descanso de Deus. Para isso, ele usa o exemplo de Israel de forma negativa, a fim de que os leitores não ajam como os antigos israelitas (4.16-19).

Pode-se acrescentar que há também um "cumprimento indireto" (tipológico) do Salmo 95, pois o livro de Hebreus continua a tradição dos profetas do AT de olhar para o passado para prever o futuro. Assim como Deus agiu no passado, ele agirá no futuro, mas de uma maneira melhor. O tema do Novo Êxodo é usado pelos profetas do AT e é um tema recorrente no NT (agora, porém, a partir de um ponto de vista de cumprimento). Nesse sentido, o descanso que não foi alcançado por Moisés ou Josué agora é alcançado em Cristo. O primeiro Êxodo foi bom, ainda que insuficiente. Foi real, mas uma sombra do Novo Êxodo inaugurado em Cristo e consumado no futuro.

Salmos 95.7b-8 TM	Salmos 94.7b-8 LXX	Hebreus 3.15 NA28
7 הַיּוֹם אִם־בְּקֹלוֹ תִשְׁמָעוּ 8 אַל־תַּקְשׁוּ לְבַבְכֶם כִּמְרִיבָה	7 σήμερον ἐὰν τῆς φωνῆς αὐτοῦ ἀκούσητε 8 μὴ σκληρύνητε τὰς καρδίας ὑμῶν ὡς ἐν τῷ παραπικρασμῷ	15 σήμερον ἐὰν τῆς φωνῆς αὐτοῦ ἀκούσητε μὴ σκληρύνητε τὰς καρδίας ὑμῶν ὡς ἐν τῷ παραπικρασμῷ

"Hoje, se ouvirdes a sua voz, não endureçais o vosso coração, como foi na provocação." (Hb 3.15 ARA)

OBSERVAÇÕES:

- Ver observações acima sobre a citação em Hebreus 3.7a-11.

Salmo 95.11 TM	Salmo 94.11 LXX	Hebreus 4.3b NA28
אֲשֶׁר־נִשְׁבַּעְתִּי בְאַפִּי אִם־יְבֹאוּן אֶל־מְנוּחָתִי	ὡς ὤμοσα ἐν τῇ ὀργῇ μου εἰ εἰσελεύσονται εἰς τὴν κατάπαυσίν μου	ὡς ὤμοσα ἐν τῇ ὀργῇ μου εἰ εἰσελεύσονται εἰς τὴν κατάπαυσίν μου

"Assim, jurei na minha ira: Não entrarão no meu descanso." (Hb 4.3b ARA)

OBSERVAÇÕES:

- Ver observações acima sobre a citação em Hebreus 3.7a-11.

Gênesis 2.2b TM	Gênesis 2.2b LXX	Hebreus 4.4b NA28
אֱלֹהִים	ὁ θεὸς	
[...]	[...]	
וַיִּשְׁבֹּת	καὶ κατέπαυσεν	καὶ κατέπαυσεν <u>ὁ θεὸς</u>
בַּיּוֹם הַשְּׁבִיעִי	τῇ ἡμέρᾳ τῇ ἑβδόμῃ	<u>ἐν</u> τῇ ἡμέρᾳ τῇ ἑβδόμῃ
מִכָּל־מְלַאכְתּוֹ	ἀπὸ πάντων τῶν ἔργων αὐτοῦ	ἀπὸ πάντων τῶν ἔργων αὐτοῦ

"E descansou Deus, no sétimo dia, de todas as obras que fizera." (Hb 4.4b ARA)

OBSERVAÇÕES:

- A LXX faz uma tradução muito literal, palavra por palavra, do TM. Deve-se atentar, porém, para a alteração do singular מְלַאכְתּוֹ para o plural na LXX: τῶν ἔργων αὐτοῦ.
- O NT segue a LXX de perto. Note: (1) visto que a citação do NT é apenas da segunda parte de Gênesis 2.2, o sujeito ὁ θεὸς é acrescentado nesse ponto, embora tenha ocorrido antes no TM e na LXX; (2) o NT acrescenta a preposição ἐν antes de τῇ ἡμέρᾳ τῇ ἑβδόμῃ.
- *Uso teológico:* Gênesis 2.2 é empregado para definir o descanso no qual o povo de Deus pode entrar, que é o mesmo que Deus desfruta desde a Criação. Assim como Deus "descansou" de suas obras, o povo de Deus também desfrutará desse descanso de suas obras. Gênesis 2.2 é usado como "analógico". A verdade afirmada em Gênesis 2.2 é transportada para o contexto do argumento do autor, com a intenção de esclarecê-lo.

Salmo 95.11 TM	Salmo 94.11 LXX	Hebreus 4.5b NA28
אִם־יְבֹאוּן אֶל־מְנוּחָתִי	εἰ εἰσελεύσονται εἰς τὴν κατάπαυσίν μου	εἰ εἰσελεύσονται εἰς τὴν κατάπαυσίν μου
"Não entrarão no meu descanso." (Hb 4.5b ARA)		

OBSERVAÇÕES:

- Ver observações acima sobre a citação em Hebreus 3.7a-11.

Salmo 95.7b-8a TM	Salmo 94.7b-8a LXX	Hebreus 4.7b NA28
[...] 7 הַיּוֹם אִם־בְּקֹלוֹ תִשְׁמָעוּ 8 אַל־תַּקְשׁוּ לְבַבְכֶם	7 [...] σήμερον ἐὰν τῆς φωνῆς αὐτοῦ ἀκούσητε 8 μὴ σκληρύνητε τὰς καρδίας ὑμῶν	7 [...] ἥμερον ἐὰν τῆς φωνῆς αὐτοῦ ἀκούσητε μὴ σκληρύνητε τὰς καρδίας ὑμῶν
"Hoje, se ouvirdes a sua voz, não endureçais o vosso coração." (Hb 4.7b ARA)		

OBSERVAÇÕES:

- Ver observações acima sobre a citação em Hebreus 3.7a-11.

Salmo 2.7b TM	Salmo 2.7b LXX	Hebreus 5.5b NA28
בְּנִי אַתָּה	υἱός μου εἶ σύ	υἱός μου εἶ σύ
אֲנִי הַיּוֹם יְלִדְתִּיךָ	ἐγὼ σήμερον γεγέννηκά σε	ἐγὼ σήμερον γεγέννηκά σε

"Tu és meu Filho, eu hoje te gerei..." (Hb 5.5b ARA)

OBSERVAÇÕES:

- Veja as observações acima sobre a citação em Hebreus 1.5a.
- A LXX é uma tradução literal do TM e mantém a ordem das palavras. Ela acrescenta o "εἶ" implícito à cláusula hebraica sem verbo.
- O texto do NT é uma citação palavra por palavra da LXX.
- *Uso teológico:* as conclusões de Hebreus 1.5 podem ser aplicadas aqui.

Salmo 110.4b TM	Salmo 109.4b LXX	Hebreus 5.6b NA28
אַתָּה־כֹהֵן	σὺ εἶ ἱερεὺς	σὺ ἱερεὺς
לְעוֹלָם	εἰς τὸν αἰῶνα	εἰς τὸν αἰῶνα
עַל־דִּבְרָתִי מַלְכִּי־צֶדֶק	κατὰ τὴν τάξιν Μελχισεδεκ	κατὰ τὴν τάξιν Μελχισέδεκ

"Tu és sacerdote para sempre, segundo a ordem de Melquisedeque." (Hb 5.6b ARA)

OBSERVAÇÕES:

- A LXX tem uma tradução muito própria do TM. É uma tradução literal e mantém a ordem das palavras. Acrescenta o εἶ implícito à cláusula hebraica sem verbo.

- O NT é uma tradução ainda mais literal do TM, mantendo a cláusula hebraica sem verbo σὺ ἱερεὺς.[7]
- *Uso teológico:* esse é um caso interessante de uso do AT em um texto posterior do AT e, depois, no NT. O autor do NT usa o princípio hermenêutico apresentado no AT e leva suas conclusões para a realidade do Novo Testamento. O autor de Hebreus cita o Salmo 110, que é um Salmo real de natureza profética. O autor de Hebreus usa isso para argumentar que Jesus é tanto o cumprimento direto das promessas feitas ao rei Davi como também um "cumprimento indireto" (tipológico) do sacerdócio de Melquisedeque, visto que o autor de Hebreus argumenta que Jesus é um grande sumo sacerdote, muito melhor do que os sacerdotes (mesmo os sumos sacerdotes) do Antigo Testamento.

Gênesis 22.17a TM	Gênesis 22.17a LXX	Hebreus 6.14 NA28
כִּי־בָרֵךְ	ἦ μὴν εὐλογῶν	εἰ μὴν εὐλογῶν
אֲבָרֶכְךָ	εὐλογήσω σε	εὐλογήσω σε
וְהַרְבָּה	καὶ πληθύνων	καὶ πληθύνων
אַרְבֶּה אֶת־זַרְעֲךָ	πληθυνῶ τὸ σπέρμα σου	πληθυνῶ σε
"Certamente, te abençoarei e te multiplicarei." (Hb 6.14 ARA)		

---

7. Observe, no entanto, que "*εἰ* está incluso, por exemplo, tanto na LXX S R quanto em 𝔓⁴⁶ P entre os manuscritos de Hebreus; é omitido, porém, na LXX L' A'" (Guthrie, "Hebrews", p. 961).

OBSERVAÇÕES:

- "A construção infinitiva absoluta é representada na LXX por um verbo finito com um particípio."[8]
- O NT tem duas diferenças principais quando comparado com a LXX: (1) a expressão ἦ μὴν que aparece na LXX está no NT como εἰ μὴν; (2) o NT omite τὸ σπέρμα (presente tanto no TM quanto na LXX).
- *Uso teológico:* o autor continua a desenvolver seu argumento sobre o sumo sacerdócio de Cristo como cumprimento do Salmo 110. Como diz o Salmo 110.4a, Deus prometeu e cumprirá sua promessa. Gênesis 22.17 é uma promessa feita a Abraão, ancestral de Davi. Gênesis 22.17 é usado como "analógico ou ilustrativo". Assim como Deus foi fiel a Abraão, ele também cumpre suas promessas feitas a Davi e, consequentemente, aos crentes daqueles dias. Ao mesmo tempo, Gênesis 22.17 também é empregado como um "cumprimento indireto" (tipológico) das promessas feitas a Abraão. Como vimos antes, Cristo é o clímax de todas as promessas do Antigo Testamento, e Gênesis 22.17 não é exceção.

---

8. Emanuel Tov, *The Parallel Aligned Hebrew-Aramaic and Greek Texts of Jewish Scripture* (Bellingham: Lexham Press, 2003). "Um padrão seguido por vários tradutores e em alguns documentos da LXX é a tradução do infinitivo absoluto hebraico somado a um verbo do qual é cognato usando cognatos também em grego — muitas vezes, uma forma participial com um verbo finito, para criar uma afirmação poderosa ou juramento. Em Gênesis 22.17, o infinitivo absoluto *piel bārēk* ('abençoar') precede o imperfeito piel do mesmo verbo, e o imperfeito *hifil* de *rbh* ('multiplicar') segue o infinitivo absoluto *hifil* do verbo. Os tradutores da LXX verteram essa construção hebraica com particípios ativos presentes seguidos por formas indicativas ativas futuras" (Guthrie, "Hebrews", p. 965).

Salmo 110.4b TM	Salmo 109.4b LXX	Hebreus 7.17b NA28
אַתָּה־כֹהֵן	σὺ εἶ ἱερεὺς	σὺ ἱερεὺς
לְעוֹלָם	εἰς τὸν αἰῶνα	εἰς τὸν αἰῶνα
עַל־דִּבְרָתִי מַלְכִּי־צֶדֶק	κατὰ τὴν τάξιν Μελχισεδεκ	κατὰ τὴν τάξιν Μελχισέδεκ

"Tu és sacerdote para sempre, segundo a ordem de Melquisedeque." (Hb 7.17b ARA)

OBSERVAÇÕES:

- Ver observações acima sobre a citação em Hebreus 5.6b.

Salmo 110.4 TM	Salmo 109.4 LXX	Hebreus 7.21b NA28
נִשְׁבַּע יְהוָה	ὤμοσεν κύριος	ὤμοσεν κύριος
וְלֹא יִנָּחֵם	καὶ οὐ μεταμεληθήσεται	καὶ οὐ μεταμεληθήσεται
אַתָּה־כֹהֵן	Σὺ εἶ ἱερεὺς	σὺ ἱερεὺς
לְעוֹלָם	εἰς τὸν αἰῶνα	εἰς τὸν αἰῶνα
עַל־דִּבְרָתִי מַלְכִּי־צֶדֶק	κατὰ τὴν τάξιν Μελχισεδεκ	

"O Senhor jurou e não se arrependerá: Tu és sacerdote para sempre". (Hb 7.21b ARA)

OBSERVAÇÕES:

- Ver observações acima sobre a citação em Hebreus 5.6b.
- Observe que a frase introdutória é adicionada nesse versículo: ὤμοσεν κύριος καὶ οὐ μεταμεληθήσεται. Nessa frase introdutória, a LXX é uma tradução literal do TM, e o NT segue a LXX.

Êxodo 25.40 TM	Êxodo 25.40 LXX	Hebreus 8.5b NA28
וּרְאֵה	ὅρα	ὅρα [...]
וַעֲשֵׂה	ποιήσεις	ποιήσεις πάντα
בְּתַבְנִיתָם	κατὰ τὸν τύπον	κατὰ τὸν τύπον
אֲשֶׁר־אַתָּה מָרְאֶה	τὸν <u>δεδειγμένον</u> σοι	τὸν <u>δειχθέντα</u> σοι
בָּהָר	ἐν τῷ ὄρει	ἐν τῷ ὄρει

"Vê que faças todas as coisas de acordo com o modelo que te foi mostrado no monte." (Hb 8.5b ARA)

OBSERVAÇÕES:

- A LXX faz uma tradução literal do TM, embora mude a ordem das palavras uma vez. Em vez de מָרְאֶה אַתָּה, a LXX lê δεδειγμένον σοι.
- A LXX segue geralmente a LXX. Observe: (1) a LXX acrescenta a palavra πάντα; (2) o particípio passivo perfeito δεδειγμένον mudou, no NT, para o particípio passivo aoristo δειχθέντα.
- *Uso teológico:* o autor continua a defender o sumo sacerdócio de Cristo, que era superior ao sacerdócio da aliança mosaica. O Salmo 110 continua a ser o fundamento do argumento (veja sua alusão em Hebreus 8.1 — Cristo está sentado à direita do trono). Agora, o autor argumenta que a oferta de Cristo é superior às ofertas feitas pelos sacerdotes levíticos. Êxodo 25.40 é usado no início desse argumento, quando o autor introduz o assunto. Há uma semelhança e um contraste entre o sacerdócio levítico e Cristo. Por um lado, eles são iguais; por outro, são diferentes. A relação vai da sombra à realidade, do que é terreno ao celestial. Dessa forma, o tabernáculo do AT (e seu sacerdócio) é um tipo (sombra) do novo. Isso não quer dizer que o antigo era ruim e que o novo é bom. Em vez disso, o antigo era bom, mas o novo é "muito mais excelente" (Hb 9.6). Portanto, Hebreus usa Êxodo 25.40 como um "cumprimento indireto" (tipológico).

Jeremias 31.30-33 TM	Jeremias 38.31-34 LXX	Hebreus 8.8-12 NA28
		8 [...]
30 הִנֵּה יָמִים בָּאִים	31 Ἰδοὺ ἡμέραι ἔρχονται	ἰδοὺ ἡμέραι ἔρχονται
נְאֻם־יְהוָה	φησὶν κύριος	λέγει κύριος
וְכָרַתִּי	καὶ διαθήσομαι	καὶ συντελέσω
אֶת־בֵּית יִשְׂרָאֵל	τῷ οἴκῳ Ισραηλ	ἐπὶ τὸν οἶκον Ἰσραὴλ
וְאֶת־בֵּית יְהוּדָה	καὶ τῷ οἴκῳ Ιουδα	καὶ ἐπὶ τὸν οἶκον Ἰούδα
בְּרִית חֲדָשָׁה	διαθήκην καινήν	διαθήκην καινήν
31 לֹא כַבְּרִית	32 οὐ κατὰ τὴν διαθήκην	9 οὐ κατὰ τὴν διαθήκην
אֲשֶׁר כָּרַתִּי	ἣν διεθέμην	ἣν ἐποίησα
אֶת־אֲבוֹתָם	τοῖς πατράσιν αὐτῶν	τοῖς πατράσιν αὐτῶν
בְּיוֹם הֶחֱזִיקִי	ἐν ἡμέρᾳ ἐπιλαβομένου μου	ἐν ἡμέρᾳ ἐπιλαβομένου μου
בְיָדָם	τῆς χειρὸς αὐτῶν	τῆς χειρὸς αὐτῶν
לְהוֹצִיאָם	ἐξαγαγεῖν αὐτούς	ἐξαγαγεῖν αὐτούς
מֵאֶרֶץ מִצְרָיִם	ἐκ γῆς Αἰγύπτου	ἐκ γῆς Αἰγύπτου
אֲשֶׁר־הֵמָּה הֵפֵרוּ	ὅτι αὐτοὶ οὐκ ἐνέμειναν	ὅτι αὐτοὶ οὐκ ἐνέμειναν
אֶת־בְּרִיתִי	ἐν τῇ διαθήκῃ μου	ἐν τῇ διαθήκῃ μου
וְאָנֹכִי בָּעַלְתִּי בָם	καὶ ἐγὼ ἠμέλησα αὐτῶν	κἀγὼ ἠμέλησα αὐτῶν
נְאֻם־יְהוָה	φησὶν κύριος	λέγει κύριος
32 כִּי זֹאת הַבְּרִית	33 ὅτι αὕτη ἡ διαθήκη	10 ὅτι αὕτη ἡ διαθήκη
אֲשֶׁר אֶכְרֹת	ἣν διαθήσομαι	ἣν διαθήσομαι
אֶת־בֵּית יִשְׂרָאֵל	τῷ οἴκῳ Ισραηλ	τῷ οἴκῳ Ἰσραὴλ
אַחֲרֵי הַיָּמִים הָהֵם	μετὰ τὰς ἡμέρας ἐκείνας	μετὰ τὰς ἡμέρας ἐκείνας
נְאֻם־יְהוָה	φησὶν κύριος	λέγει κύριος
נָתַתִּי אֶת־תּוֹרָתִי	διδοὺς δώσω νόμους μου	διδοὺς νόμους μου
בְּקִרְבָּם	εἰς τὴν διάνοιαν αὐτῶν	εἰς τὴν διάνοιαν αὐτῶν
וְעַל־לִבָּם	καὶ ἐπὶ καρδίας αὐτῶν	καὶ ἐπὶ καρδίας αὐτῶν
אֶכְתֳּבֶנָּה	γράψω αὐτούς	ἐπιγράψω αὐτούς
וְהָיִיתִי לָהֶם לֵאלֹהִים	καὶ ἔσομαι αὐτοῖς εἰς θεόν	καὶ ἔσομαι αὐτοῖς εἰς θεόν
וְהֵמָּה יִהְיוּ־לִי	καὶ αὐτοὶ ἔσονταί μοι	καὶ αὐτοὶ ἔσονταί μοι
לְעָם	εἰς λαόν	εἰς λαόν
33 וְלֹא יְלַמְּדוּ עוֹד	34 καὶ οὐ μὴ διδάξωσιν	11 καὶ οὐ μὴ διδάξωσιν
אִישׁ אֶת־רֵעֵהוּ	ἕκαστος τὸν πολίτην αὐτοῦ	ἕκαστος τὸν πολίτην αὐτοῦ
וְאִישׁ אֶת־אָחִיו	καὶ ἕκαστος τὸν ἀδελφὸν	καὶ ἕκαστος τὸν ἀδελφὸν
לֵאמֹר	αὐτοῦ λέγων	αὐτοῦ λέγων
דְּעוּ אֶת־יְהוָה	γνῶθι τὸν κύριον	γνῶθι τὸν κύριον

כִּי־כוּלָּם יֵדְעוּ אוֹתִי	ὅτι πάντες εἰδήσουσίν με	ὅτι πάντες εἰδήσουσίν με
לְמִקְטַנָּם	ἀπὸ μικροῦ αὐτῶν	ἀπὸ μικροῦ
וְעַד־גְּדוֹלָם	καὶ ἕως μεγάλου αὐτῶν	ἕως μεγάλου αὐτῶν
נְאֻם־יְהוָה		
כִּי אֶסְלַח	ὅτι ἵλεως ἔσομαι	12 ὅτι ἵλεως ἔσομαι
לַעֲוֹנָם	ταῖς ἀδικίαις αὐτῶν	ταῖς ἀδικίαις αὐτῶν
וּלְחַטָּאתָם	καὶ τῶν ἁμαρτιῶν αὐτῶν	καὶ τῶν ἁμαρτιῶν αὐτῶν
לֹא אֶזְכָּר־עוֹד	οὐ μὴ μνησθῶ ἔτι	οὐ μὴ μνησθῶ ἔτι

"⁸ Eis aí vêm dias, diz o Senhor, e firmarei nova aliança com a casa de Israel e com a casa de Judá, ⁹ não segundo a aliança que fiz com seus pais, no dia em que os tomei pela mão, para os conduzir até fora da terra do Egito; pois eles não continuaram na minha aliança, e eu não atentei para eles, diz o Senhor. ¹⁰ Porque esta é a aliança que firmarei com a casa de Israel, depois daqueles dias, diz o Senhor: na sua mente imprimirei as minhas leis, também sobre o seu coração as inscreverei; e eu serei o seu Deus, e eles serão o meu povo. ¹¹ E não ensinará jamais cada um ao seu próximo, nem cada um ao seu irmão, dizendo: Conhece ao Senhor; porque todos me conhecerão, desde o menor deles até ao maior. ¹² Pois, para com as suas iniquidades, usarei de misericórdia e dos seus pecados jamais me lembrarei." (Hb 8.8-12 ARA)

OBSERVAÇÕES:

- A LXX segue muito de perto o TM. Observe, no entanto: (1) a LXX traduz o hebraico בָּעַלְתִּי (eu governei) como ἠμέλησα (eu negligenciei). Isso muda o significado completamente. Observe que o NT segue a LXX. (2) O hebraico נָתַתִּי é traduzido como διδοὺς δώσω. Nesse caso, o NT não segue a LXX. (3) A LXX não traduz uma palavra hebraica (עוֹד), além de (4) omitir a frase נְאֻם־יְהוָה.

- O NT geralmente segue a LXX, embora com as seguintes diferenças: (1) em lugar do φησὶν que encontramos na LXX, o NT usa λέγει três vezes. O significado é o mesmo. (2) Em vez de διαθήσομαι, o NT traz συντελέσω. (3) A expressão τῷ οἴκῳ dá lugar, no NT, a ἐπὶ τὸν οἶκον. (4) A crase κἀγὼ no NT substitui καὶ ἐγὼ na LXX. (5) A palavra γράψω torna-se ἐπιγράψω no NT. (6) O NT omite o αὐτῶν καὶ após μικροῦ.

- *Uso teológico:* Hebreus 8.8-12 inclui a citação mais longa do Antigo Testamento no Novo. Esse fato não é apenas uma coincidência. O uso de Jeremias 31.31-34 é apoteótico e crucial para estabelecer a superioridade do sacerdócio de Cristo em relação ao sacerdócio levítico. A principal ênfase dada pelo autor de Hebreus é o contraste entre o antigo e o novo (Hb 8.13). O velho era falho ("repreende-os", Hb 8.8); o novo, contudo, é perfeito. O velho é obsoleto, envelhecendo e desaparecendo (Hb 8.13); o novo é permanente. Portanto, Hebreus vê Cristo como um "cumprimento direto" de Jeremias 31.31-34.

Êxodo 24.8b TM	Êxodo 24.8b LXX	Hebreus 9.20 NA28
הִנֵּה דַם־הַבְּרִית אֲשֶׁר כָּרַת יְהוָה עִמָּכֶם	Ἰδοὺ τὸ αἷμα τῆς διαθήκης ἧς διέθετο κύριος πρὸς ὑμᾶς	τοῦτο τὸ αἷμα τῆς διαθήκης ἧς ἐνετείλατο πρὸς ὑμᾶς ὁ θεός

"Este é o sangue da aliança, a qual Deus prescreveu para vós outros." (Hb 9.20 ARA)

OBSERVAÇÕES:

- A LXX tem uma tradução literal do TM.
- O NT difere significativamente da LXX. (1) Ele omite Ἰδοὺ e acrescenta τοῦτο. (2) Em vez de traduzir o verbo hebraico כָּרַת (ele cortou/fez/estabeleceu) como a LXX, que o verte como διέθετο (ele estabeleceu), o NT usa o verbo ἐνετείλατο (ele ordenou). (3) Em vez da tradução comum de יְהוָה como κύριος, o NT escolhe ὁ θεός e o coloca em uma ordem de palavras diferente.

CITAÇÕES DO ANTIGO TESTAMENTO EM HEBREUS

- *Uso teológico:* a superioridade do sacrifício de Cristo comparado face a face com os sacrifícios do AT é a principal questão em discussão. Nessa citação, o autor explica a maneira como os pactos são estabelecidos. No caso da aliança mosaica, ela foi estabelecida com sangue. "De fato, debaixo da lei quase tudo se purifica com sangue, e sem derramamento de sangue não há remissão de pecados" (Hb 9.22). Todavia, a Nova Aliança (as coisas celestiais) é estabelecida por um sacrifício melhor, uma vez que o tabernáculo celestial de Deus não é "feito por mãos" (Hb 9.24). O tabernáculo do AT era uma cópia visível do verdadeiro tabernáculo que está no céu (Hb 9.24). Desse modo, Hebreus vê Cristo como o "cumprimento indireto" (tipológico) de Êxodo 24.8.

Salmo 40.7-9a TM	Salmo 39.7-9a LXX	Hebreus 10.5b-7 NA28
		5 [...]
7 זֶבַח וּמִנְחָה	7 θυσίαν καὶ προσφορὰν	θυσίαν καὶ προσφορὰν
לֹא־חָפַצְתָּ	οὐκ ἠθέλησας	οὐκ ἠθέλησας
אָזְנַיִם כָּרִיתָ לִּי	ὠτία δὲ κατηρτίσω μοι	σῶμα δὲ κατηρτίσω μοι
עוֹלָה	ὁλοκαύτωμα	6 ὁλοκαυτώματα
וַחֲטָאָה	καὶ περὶ ἁμαρτίας	καὶ περὶ ἁμαρτίας
לֹא שָׁאָלְתָּ	οὐκ ᾔτησας	οὐκ εὐδόκησας
8 אָז אָמַרְתִּי	8 τότε εἶπον	7 τότε εἶπον
הִנֵּה־בָאתִי	Ἰδοὺ ἥκω	ἰδοὺ ἥκω
בִּמְגִלַּת־סֵפֶר	ἐν κεφαλίδι βιβλίου	ἐν κεφαλίδι βιβλίου
כָּתוּב עָלָי	γέγραπται περὶ ἐμοῦ	γέγραπται περὶ ἐμοῦ
9 לַעֲשׂוֹת רְצוֹנְךָ	9 τοῦ ποιῆσαι	τοῦ ποιῆσαι
אֱלֹהַי	τὸ θέλημά σου ὁ θεός μου	ὁ θεός τὸ θέλημά σου

"⁵ Sacrifício e oferta não quiseste; antes, um corpo me formaste; ⁶ não te deleitaste com holocaustos e ofertas pelo pecado. ⁷ Então, eu disse: Eis aqui estou (no rolo do livro está escrito a meu respeito), para fazer, ó Deus, a tua vontade." (Hb 10.5b-7 ARA)

OBSERVAÇÕES:

- A LXX segue o TM muito de perto e na mesma ordem de palavras, exceto pela adição da conjunção δὲ antes de κατηρτίσω μοι.
- O NT segue a LXX. No entanto, (1) muda a palavra ὠτία para σῶμα e (2) ᾔτησας para εὐδόκησας; (3) altera a ordem de ὁ θεὸς na frase e omite μου após ὁ θεός.
- *Uso teológico:* o autor continua a defender a superioridade do sacrifício de Cristo em relação aos da aliança mosaica. Agora, ele compara os inúmeros sacrifícios sem fim da Antiga Aliança com o sacrifício de Cristo, que foi de uma vez por todas. Os sacrifícios do Antigo Testamento eram cópias; não podiam (verdadeiramente) tirar os pecados do povo. Visto que o sangue de touros e bodes não pode tirar pecados (Hb 10.4), os sacrifícios são uma lembrança contínua dos pecados do povo (Hb 10.3). Entretanto, a lei era apenas "uma sombra dos bens futuros" (Hb 10.1): o próprio Cristo!

O Salmo 40 é um salmo de fé e confiança na salvação de Deus. No início do salmo, há ações de graças pela salvação de Deus. O salmista esperou pacientemente, e Deus o salvou. Portanto, "bem-aventurado o homem que põe no Senhor a sua confiança" (Sl 40.4). Como parte de sua ação de graças, o salmista confessa como Deus alcançou sua salvação. O salmista não foi salvo por causa de seus sacrifícios. Na realidade, já no AT, as pessoas (assim como o salmista) sabiam que o sangue dos sacrifícios, por si mesmo, não podia expiar o pecado. E esse é exatamente o ponto que o autor de Hebreus quer enfatizar. Portanto, Hebreus usa a "autoridade permanente" do Salmo 40.7-9 em seu argumento. Além disso, Cristo é visto como o "cumprimento indireto" (tipológico) dessa realidade. Aquele que obedeceu perfeitamente à vontade de

Deus (Sl 40.9 = Hb 10.7) anula, permanentemente, a necessidade de qualquer outro sacrifício. Nisso "ele aboliu o primeiro para estabelecer o segundo" (Hb 10.9).

Jeremias 31.32-33 TM	Jeremias 38.33-34 LXX	Hebreus 10.16-17 NA28
32 כִּי זֹאת הַבְּרִית	33 ὅτι αὕτη ἡ διαθήκη	16 αὕτη ἡ διαθήκη
אֲשֶׁר אֶכְרֹת	ἣν διαθήσομαι	ἣν διαθήσομαι
אֶת־בֵּית יִשְׂרָאֵל	τῷ οἴκῳ Ισραηλ	πρὸς αὐτοὺς
אַחֲרֵי הַיָּמִים הָהֵם	μετὰ τὰς ἡμέρας ἐκείνας	μετὰ τὰς ἡμέρας ἐκείνας
נְאֻם־יְהוָה	φησὶν κύριος	λέγει κύριος
נָתַתִּי אֶת־תּוֹרָתִי	διδοὺς δώσω νόμους μου	διδοὺς νόμους μου
בְּקִרְבָּם	εἰς τὴν διάνοιαν αὐτῶν	ἐπὶ καρδίας αὐτῶν
וְעַל־לִבָּם	καὶ ἐπὶ καρδίας αὐτῶν	καὶ ἐπὶ τὴν διάνοιαν αὐτῶν
אֶכְתֳּבֶנָּה	γράψω αὐτούς	ἐπιγράψω αὐτούς
וְהָיִיתִי לָהֶם לֵאלֹהִים	καὶ ἔσομαι αὐτοῖς εἰς θεόν	
וְהֵמָּה יִהְיוּ־לִי	καὶ αὐτοὶ ἔσονταί μοι	
לְעָם	εἰς λαόν	
33 וְלֹא יְלַמְּדוּ עוֹד	34 καὶ οὐ μὴ διδάξωσιν	
אִישׁ אֶת־רֵעֵהוּ	ἕκαστος τὸν πολίτην αὐτοῦ	
וְאִישׁ אֶת־אָחִיו	καὶ ἕκαστος τὸν ἀδελφὸν	
לֵאמֹר	αὐτοῦ λέγων	
דְּעוּ אֶת־יְהוָה	γνῶθι τὸν κύριον	
כִּי־כוּלָּם יֵדְעוּ אוֹתִי	ὅτι πάντες εἰδήσουσίν με	
לְמִקְטַנָּם	ἀπὸ μικροῦ αὐτῶν	
וְעַד־גְּדוֹלָם	καὶ ἕως μεγάλου αὐτῶν	
נְאֻם־יְהוָה		
כִּי אֶסְלַח	ὅτι ἵλεως ἔσομαι	
לַעֲוֹנָם	ταῖς ἀδικίαις αὐτῶν	17 καὶ τῶν ἁμαρτιῶν αὐτῶν
וּלְחַטָּאתָם	καὶ τῶν ἁμαρτιῶν αὐτῶν	καὶ τῶν ἀνομιῶν αὐτῶν
לֹא אֶזְכָּר־עוֹד	οὐ μὴ μνησθῶ ἔτι	οὐ μὴ μνησθήσομαι ἔτι

"¹⁶ Esta é a aliança que farei com eles, depois daqueles dias, diz o Senhor: Porei no seu coração as minhas leis e sobre a sua mente as inscreverei, ¹⁷ acrescenta: Também de nenhum modo me lembrarei dos seus pecados e das suas iniquidades, para sempre." (Hb 10.16-17 ARA)

OBSERVAÇÕES:

- Ver as observações acima sobre a citação em Hebreus 8.8-12. Observe, no entanto, (1) que, em 8.8, lemos ἐπὶ τὸν οἶκον Ἰσραὴλ, ao passo que, em 10.16, lemos πρὸς αὐτούς. O significado é mantido. (2) Em 8.10, lemos εἰς τὴν διάνοιαν αὐτῶν καὶ ἐπὶ καρδίας αὐτῶν, enquanto, em 10.16, lemos ἐπὶ καρδίας αὐτῶν καὶ ἐπὶ τὴν διάνοιαν αὐτῶν — uma mudança na ordem das palavras e em uma preposição. (3) A expressão ταῖς ἀδικίαις (8.12) torna-se τῶν ἀνομιῶν (10.17), μνησθῶ dá lugar a μνησθήσομαι, e ocorre uma mudança na ordem das palavras novamente.

Deuteronômio 32.35a, 36a TM	Deuteronômio 32.35a, 36a LXX	Hebreus 10.30 NA28
		30 [...]
35 לִי נָקָם	35 ἐν ἡμέρᾳ ἐκδικήσεως	ἐμοὶ ἐκδίκησις
וְשִׁלֵּם	ἀνταποδώσω	ἐγὼ ἀνταποδώσω
[...]	[...]	καὶ πάλιν
36 יָדִין יְהוָה עַמּוֹ	36 κρινεῖ κύριος τὸν λαὸν αὐτοῦ	κρινεῖ κύριος τὸν λαὸν αὐτοῦ

"A mim pertence a vingança; eu retribuirei.
E outra vez: O Senhor julgará o seu povo." (Hb 10.30 ARA)

OBSERVAÇÕES:

- A LXX difere do TM de duas maneiras: (1) em vez de לִי, a LXX lê ἐν ἡμέρᾳ; (2) a conjunção ו não foi traduzida.

- O NT faz uma citação muito seletiva de Deuteronômio 32.35-36. Das 32 palavras que compõem esses dois versículos na LXX, o NT cita apenas sete delas.
- O NT está mais próximo do TM do que a LXX. Observe que o NT concorda com o NT em ἐμοὶ, representando o לִי.
- A inclusão de ἐγὼ antes de ἀνταποδώσω é exclusiva do NT.
- *Uso teológico:* o autor de Hebreus desenha as sequências das verdades que expôs (ver "portanto", Hb 10.19). Os cristãos devem viver de acordo com sua confissão, conforme o que são em Cristo, segundo o que Cristo fez por eles. As advertências são contundentes e duras como representação da seriedade do assunto. "Porque, se continuarmos a pecar deliberadamente, depois de termos recebido o conhecimento da verdade, já não resta mais sacrifício pelos pecados, mas uma terrível expectativa de juízo, e ardor de fogo que há de consumir os adversários" (Hb 10.26-27). Se o castigo por quebrar a lei mosaica (uma sombra) era a morte, quanto mais será o castigo "merecido por aquele que pisou aos pés o Filho de Deus" (Hb 10.29)?

Para apoiar seu argumento, o autor de Hebreus cita a Torá (ele havia citado o Cântico de Moisés antes; veja Hb 1.6 acima). O Cântico de Moisés é uma acusação contra o povo de Israel, que termina com uma exortação à adoração. Moisés lembra os israelitas de sua infidelidade passada, a fim de lembrá-los da santidade de Deus e do zelo contra o pecado. Portanto, Hebreus usa Deuteronômio 32.35 de maneira "analógica ou ilustrativa".

Habacuque 2.3-4 TM	Habacuque 2.3-4 LXX	Hebreus 10.37-38 NA28
3 כִּי עוֹד חָזוֹן	3 διότι ἔτι ὅρασις	37 ἔτι γὰρ
לַמּוֹעֵד	εἰς καιρὸν	μικρὸν ὅσον ὅσον
[...]	[...]	
כִּי־בֹא יָבֹא	ὅτι ἐρχόμενος ἥξει	ὁ ἐρχόμενος ἥξει
לֹא יְאַחֵר	καὶ οὐ μὴ χρονίσῃ	καὶ οὐ χρονίσει
4 הִנֵּה עֻפְּלָה	4 ἐὰν ὑποστείληται	38 ὁ δὲ δίκαιός μου
לֹא־יָשְׁרָה נַפְשׁוֹ	οὐκ εὐδοκεῖ ἡ ψυχή μου	ἐκ πίστεως ζήσεται
בּוֹ	ἐν αὐτῷ	καὶ ἐὰν ὑποστείληται
וְצַדִּיק	ὁ δὲ δίκαιος	οὐκ εὐδοκεῖ ἡ ψυχή μου
בֶּאֱמוּנָתוֹ יִחְיֶה	ἐκ πίστεώς μου ζήσεται	ἐν αὐτῷ

"³⁷ Porque, ainda dentro de pouco tempo, aquele que vem virá e não tardará; ³⁸ todavia, o meu justo viverá pela fé; e: Se retroceder, nele não se compraz a minha alma." (Hb 10.37-38 ARA)

OBSERVAÇÕES:

- A LXX tem mudanças significativas em relação ao TM: (1) a LXX traduz בֹּא יָבֹא (certamente virá) como ἐρχόμενος ἥξει (um que vem virá). (2) Enquanto o TM lê הִנֵּה עֻפְּלָה לֹא־יָשְׁרָה נַפְשׁוֹ (olhe/eis [o] orgulhoso, sua alma não está certa), a LXX diz ἐὰν ὑποστείληται οὐκ εὐδοκεῖ ἡ ψυχή μου (se ele recua, minha alma não está satisfeita). (3) O sufixo pronominal em אֱמוּנָתוֹ é da terceira pessoa masculina singular, enquanto μου é o pronome da primeira pessoa do singular.
- O NT segue a LXX com várias diferenças: (1) o NT usa γὰρ em lugar de διότι; (2) omite a palavra ὅρασις; (3) traz μικρὸν ὅσον ὅσον em vez de εἰς καιρὸν; (4) omite a segunda parte de Habacuque 2.3; (5) elimina ὅτι e acrescenta o artigo ὁ antes de ἐρχόμενος; (6) inverte a ordem das frases ὁ δὲ δίκαιός μου ἐκ πίστεως ζήσεται e καὶ ἐὰν ὑποστείληται, οὐκ εὐδοκεῖ ἡ ψυχή μου ἐν αὐτῷ; (7) omite

o pronome pessoal μου depois de ἐκ πίστεώς; (8) adiciona μου depois de ὁ δὲ δίκαιός e καὶ antes de ἐὰν ὑποστείληται.

- *Uso teológico:* o autor continua sua exortação à fidelidade e cita Habacuque 2.3. A partir de Habacuque 2.2, Deus dá uma resposta às queixas de Habacuque. Apesar das circunstâncias difíceis que o profeta enfrenta, Deus exorta os justos a viver pela fé, porque ele trará a salvação em seu tempo determinado (nem mais, nem menos). Da mesma forma, os leitores cristãos da Epístola aos Hebreus já passaram e provavelmente passam por situações difíceis. Eles também são exortados a viver pela fé; caso contrário, Deus não se agradará deles (Deus os rejeitará). Se os crentes do AT puderam ter esperança e viver pela fé, quanto mais os cristãos podem ser fiéis sob a Nova Aliança, que é ainda melhor. Desse modo, Hebreus usa Habacuque de forma "analógica ou ilustrativa".

Provérbios 3.11-12 TM	Provérbios 3.11-12 LXX	Hebreus 12.5b-6 NA28
		5 [...]
11 מוּסַר יְהוָה בְּנִי	11 υἱέ	υἱέ μου
אַל־תִּמְאָס	μὴ ὀλιγώρει <u>παιδείας κυρίου</u>	μὴ ὀλιγώρει <u>παιδείας κυρίου</u>
וְאַל־תָּקֹץ	μηδὲ ἐκλύου	μηδὲ ἐκλύου
בְּתוֹכַחְתּוֹ	ὑπ' αὐτοῦ ἐλεγχόμενος	ὑπ' αὐτοῦ ἐλεγχόμενος
12 כִּי אֶת אֲשֶׁר יֶאֱהַב יְהוָה	12 ὃν <u>γὰρ</u> ἀγαπᾷ κύριος	6 ὃν <u>γὰρ</u> ἀγαπᾷ κύριος
יוֹכִיחַ	παιδεύει	παιδεύει
וּכְאָב אֶת־בֵּן	μαστιγοῖ δὲ *πάντα υἱὸν*	μαστιγοῖ δὲ *πάντα υἱὸν*
יִרְצֶה	ὃν *παραδέχεται*	ὃν *παραδέχεται*

"⁵ Filho meu, não menosprezes a correção que vem do Senhor, nem desmaies quando por ele és reprovado; ⁶ porque o Senhor corrige a quem ama e açoita a todo filho a quem recebe." (Hb 12.5-6 ARA)

OBSERVAÇÕES:

- A LXX difere substancialmente do TM: (1) a LXX omite o pronome possessivo em בְּנִי; (2) muda a ordem das palavras de υἱέ e παιδείας κυρίου; (3) coloca a partícula γὰρ em segundo lugar na frase (como é comum na língua grega). (4) A última parte do versículo é consideravelmente diferente: o TM lê: "e como um pai se deleita com o filho", enquanto a LXX traz: "mas pune qualquer filho que ele recebe".
- O NT segue a LXX, mas, assim como o TM, coloca o pronome possessivo μου depois de υἱέ.
- *Uso teológico:* depois de exortar seus leitores a viver a viver pela fé (Hb 10.39), o autor elabora o capítulo popularmente conhecido como "o capítulo da fé" (Hb 11). Então, no capítulo 12, ele exorta os leitores a seguir a nuvem de testemunhas que os precederam na fé, "olhando para Jesus, autor e consumador da nossa fé, o qual, pelo gozo que lhe estava proposto, suportou a cruz, desprezando a ignomínia, e está sentado à direita do trono de Deus" (Hb 12.2 — observe novamente como o Sl 110 continua a ser tão fundamental para o autor de Hebreus). Os cristãos devem buscar motivação nos sofrimentos de Cristo, para que perseverem até o fim (12.3). O sofrimento é obra do próprio Deus em seus filhos. Se, em Cristo, os cristãos são filhos de Deus, Deus, como seu Pai, os disciplina e os ensina por meio do sofrimento. Provérbios 3.11-13 é usado como um texto do AT que continua sendo verdadeiro no NT (nessa situação, usado analogicamente em referência à relação entre Deus e os cristãos como um relacionamento entre um pai e seus filhos). Portanto, Provérbios 3.11-12 é usado pelo autor de Hebreus como "analógico ou ilustrativo" e como "autoridade permanente", uma vez que o que era verdade antes continua a ser verdade hoje.

Ageu 2.6b TM	Ageu 2.6b LXX	Hebreus 12.26a NA28
עוֹד אַחַת מְעַט הִיא	ἔτι ἅπαξ	ἔτι ἅπαξ
וַאֲנִי מַרְעִישׁ	ἐγὼ σείσω	ἐγὼ σείσω <u>οὐ μόνον</u>
אֶת־הַשָּׁמַיִם	τὸν οὐρανὸν	<u>τὴν γῆν</u>
וְאֶת־הָאָרֶץ	καὶ τὴν γῆν	<u>ἀλλὰ καὶ</u> <u>τὸν οὐρανόν</u>
וְאֶת־הַיָּם	καὶ τὴν θάλασσαν	
וְאֶת־הֶחָרָבָה	καὶ τὴν ξηράν	

"Ainda uma vez por todas, farei abalar não só a terra, mas também o céu." (Hb 12.26a ARA)

OBSERVAÇÕES:

- Essa é outra passagem difícil de determinar se é uma citação ou alusão.
- A LXX é uma tradução bastante literal do TM. No entanto, a LXX omite מְעַט הִיא e a primeira conjunção ו.
- O livro de Hebreus parece citar Ageu 2.6b ou aludir a esse texto, mas acrescenta (1) οὐ μόνον e (2) ἀλλὰ καὶ. Além disso, observe que τὴν γῆν e τὸν οὐρανόν ocorrem numa ordem diferente.
- *Uso teológico:* as exortações e advertências para a perseverança continuam. "Tende cuidado, não recuseis ao que fala. Pois, se não escaparam aqueles que recusaram ouvir quem, divinamente, os advertia sobre a terra, muito menos nós, os que nos desviamos daquele que dos céus nos adverte" (Hb 12.25).

Os judeus dos tempos de Ageu também ficaram desanimados. Eles voltaram do exílio, mas as coisas não foram como esperavam. Então, eles estavam desanimados com suas circunstâncias: "Quem dentre vós, que tenha sobrevivido, contemplou esta casa na sua primeira glória? E como a vedes agora? Não é ela como nada aos vossos olhos?" (Ag 2.3). O Senhor vem com palavras de encorajamento. Deus está com eles (Ag 2.4), e seu Espírito permanece no meio deles (Ag 2.5). É importante, no entanto, mencionar o contexto que se segue. O abalo do cosmos é a inauguração de uma nova era, na qual "a glória desta casa será maior do que a da primeira" (Ag 2.9a).

Assim, a conclusão do autor de Hebreus é esta: "Por isso, recebendo nós um reino inabalável, retenhamos a graça, pela qual sirvamos a Deus de modo agradável, com reverência e santo temor" (Hb 12.28). O autor de Hebreus vê Cristo como a inauguração dessa nova era, sendo Cristo muito mais glorioso do que o que veio antes. Logo, Hebreus vê Cristo como o "cumprimento direto" de Ageu 2.6.

Deuteronômio 4.24 TM	Deuteronômio 4.24 LXX	Hebreus 12.29 NA28
יְהוָה אֱלֹהֶיךָ אֵשׁ אֹכְלָה הוּא	κύριος ὁ θεός σου πῦρ καταναλίσκον ἐστίν	ὁ θεὸς ἡμῶν πῦρ καταναλίσκον
"porque o nosso Deus é fogo consumidor." (Hb 12.29 ARA)		

OBSERVAÇÕES:

- Esa é outra passagem difícil de determinar se é uma citação ou alusão.
- A LXX é uma tradução literal do TM, embora acrescente ἐστίν em lugar de הוּא.
- O NT não depende nem do TM nem da LXX. Em vez de κύριος ὁ θεός σου, a LXX lê ὁ θεὸς ἡμῶν e omite tanto הוּא como ἐστίν.
- *Uso teológico:* estou convencido de que esse texto é provavelmente um "uso assimilado do AT". O autor do NT emprega um texto não para aludir a qualquer passagem do AT, mas porque faz

parte de seu vocabulário enquanto alguém que estava saturado da linguagem bíblica.

Deuteronômio 31.6 TM	Deuteronômio 31.6 LXX	Hebreus 13.5b NA28
לֹא יַרְפְּךָ	οὐ μή σε <u>ἀνῇ</u>	οὐ μή σε <u>ἀνῶ</u>
וְלֹא יַעַזְבֶךָּ	οὔτε μή σε <u>ἐγκαταλίπῃ</u>	οὐδ' οὐ μή σε <u>ἐγκαταλίπω</u>
"De maneira alguma te deixarei, nunca jamais te abandonarei." (Hb 13.5b ARA)		

OBSERVAÇÕES:

- "Paralelos aproximados com a primeira das citações (13.5) são encontrados em Gênesis 28.15; Deuteronômio 31.6, 8; 1 Crônicas 28.20; Josué 1.5. [...] No entanto, nenhum deles corresponde exatamente à forma da citação encontrada em Hebreus."[9]
- A LXX difere do TM: (1) traduz לֹא pela dupla negativa οὐ μή e (2) muda a ordem dos verbos em relação aos seus objetos.
- O NT segue a LXX, mas troca os verbos da terceira pessoa do singular — ἀνῇ e ἐγκαταλίπῃ — por verbos da primeira pessoa do singular — ἀνῶ e ἐγκαταλίπω.
- *Uso teológico:* observe que não temos uma declaração introdutória para essa citação. Como ela não combina perfeitamente com

---

9. Guthrie, "Hebrews", p. 991-92. O autor elabora a seguinte tabela comparativa:

Hb 13.5	ou mē se anō oud' ou mē se enkatalipō
Gn 28.15c	ou mē se enkatalipō
Dt 31.6	ou mē se anē oute mē se enkatalipē
Dt 31.8	ouk anēsei se oude mē enkatalipē se
1Cr 28.20	ouk anēsei se kai ou mē se enkatalipē
Js 1.5	ouk enkataleipsō se oude hyperopsomai se

nenhuma passagem do AT, pode ser que Hebreus faça um uso "proverbial" do AT.

Salmo 118.6 TM	Salmo 117.6 LXX	Hebreus 13.6b NA28
יְהוָה לִי	κύριος ἐμοὶ βοηθός	κύριος ἐμοὶ βοηθός
לֹא אִירָא	οὐ φοβηθήσομαι	[καὶ] οὐ φοβηθήσομαι
מַה־יַּעֲשֶׂה לִי אָדָם	τί ποιήσει μοι ἄνθρωπος	τί ποιήσει μοι ἄνθρωπος

"O Senhor é o meu auxílio, não temerei; que me poderá fazer o homem?" (Hb 13.6b ARA)

OBSERVAÇÕES:

- A LXX é uma tradução bastante literal do TM. No entanto, acrescenta βοηθός como um esclarecimento interpretativo.
- O NT segue perfeitamente a LXX, exceto pelo acréscimo de καὶ (dependendo dos manuscritos).
- *Uso teológico:* essa citação é usada juntamente com a anterior. Embora não tenhamos nenhum outro paralelo no AT, o uso "proverbial" também se encaixa nesse caso.

BIBLIOGRAFIA

ARCHER, Gleason L; CHIRICHIGNO, Gregory. *Old Testament Quotations in the New Testament*. Eugene: Wipf & Stock, 2005.

ATTRIDGE, Harold W.; KOESTER, Helmut. *The Epistle to the Hebrews: A Commentary on the Epistle to the Hebrews*. Hermeneia, vol. 58. Filadélfia: Fortress Press, 1989.

BARTH, M. "The Old Testament in Hebrews: An Essay in Biblical Hermeneutics", *Current Issues in New Testament Interpretation: Essays in Honour of Otto A. Piper*, W. Klassen e G. F. Snyder (eds.), Londres: SCM Press, 1962, p. 53-78.

BEALE, G. K. *Handbook on the New Testament Use of the Old Testament: Exegesis and Interpretation*. Grand Rapids: Baker Academic, 2012.

_____, ed. *The Right Doctrine from the Wrong Texts?: Essays on the Use of the Old Testament in the New*. Grand Rapids: Baker, 1994.

BERDING, Kenneth; LUNDE, Jonathan. *Three Views on the New Testament Use of the Old Testament* (Grand Rapids: Zondervan, 2008).

BOCK, Darrell L. 1985. "Evangelicals and the Use of the Old Testament in the New: Part 1". *BSac* 142, n. 567, p. 209-223.

_____, 1985. "Evangelicals and the Use of the Old Testament in the New: Part 2". *BSac* 142, n. 568, p. 306-319.

BROWN, Raymond E. *The Sensus Plenior of Sacred Scripture*. Eugene: Wipf & Stock, 2008.

CAIRD, G. B. 1959. "The Exegetical Method of the Epistle to the Hebrews". *CJT* 5/1, p. 44-51

CARSON, D. A.; WOODBRIDGE, John D., eds. *Hermeneutics, Authority, and Canon.* Eugene: Wipf & Stock, 2005.

CARSON, D. A., ed. *The Enduring Authority of the Christian Scriptures.* Grand Rapids: Eerdmans, 2016.

CHILDS, Brevard S. *Biblical Theology of the Old and New Testaments: Theological Reflection on the Christian Bible.* Mineápolis: Fortress Press, 1993.

CIAMPA, Roy E.; ROSNER, Brian S. *The First Letter to the Corinthians.* PNTC. Grand Rapids: Eerdmans, 2010.

COCKERILL, Gareth Lee. *The Epistle to the Hebrews.* NICNT. Grand Rapids: Eerdmans, 2012.

DAVIDSON, Richard M. *Typology in Scripture: A Study of Hermeneutical τύπος Structures.* AUSDDS. Berrien Springs: Andrews University Press, 1981.

DOCHERTY, S. E.; DOCHERTY, S. E. 2004. "The Use of the Old Testament in the New Testament: Reflections on Current Trends and Future Prospects with Reference to the Letter to the Hebrews". *ScrBul* 34, n. 2, p. 60-130.

ELLIS, E. Earle. *Prophecy and Hermeneutic in Early Christianity: New Testament Essays.* Eugene: Wipf and Stock, 2003.

FRANCE, Richard Thomas. 1996. "The Writer of Hebrews as a Biblical Expositor." *TynBul* 47, n. 2, p. 245-276.

GLENNY, W. Edward. 1995. "The Divine Meaning of Scripture: Explanations and Limitations." *JETS* 38, n. 4, p. 481-500.

GOPPELT, Leonhard. *Typos: The Typological Interpretation of the Old Testament in the New.* Grand Rapids: Eerdmans, 1982.

GUTHRIE, G. H. 2003. "Hebrews' Use of the Old Testament: Recent Trends in Research". *CBR* 112, p. 271-294.

_____. "Hebrews". Em BEALE, G. K.; CARSON; D. A, eds. *Commentary on the New Testament Use of the Old Testament* (Grand Rapids: Baker Academic; Nottingham: Apollos, 2007).

HANSON, A. T. 1964. "Christ in the Old Testament According to Hebrews". *SEvang* 2, p. 393-407.

HARRISON, Everett F.; GASQUE, W. W.; LASOR, William S. *Scripture, Tradition, and Interpretation: Essays Presented to Everett F. Harrison by his Students and Colleagues in Honor of His Seventy-Fifth Birthday.* Grand Rapids: Eerdmans, 1978.

HIRSCH, E. D. *Validity in Interpretation.* New Haven: Yale University Press, 1967.

HUGHES, Graham. *Hebrews and Hermeneutics: The Epistle to the Hebrews as a New Testament Example of Biblical Interpretation.* SNTSMS, vol. 36. Cambridge: Cambridge University Press, 2004.

KAISER, Walter C., Jr., "The Single Intent of Scripture". Em KANTZER, K. S., ed. *Evangelical Roots: A Tribute to Wilbur Smith.* Nashville: Nelson, 1978, p. 123-41.

_____. *The Uses of the Old Testament in the New.* Chicago: Moody Press, 1985.

_____. *Toward an Exegetical Theology: Biblical Exegesis for Preaching and Teaching.* Grand Rapids: Baker, 1981.

KISTEMAKER, Simon J. *Psalm Citations in the Epistle to the Hebrews.* Eugene: Wipf & Stock, 2010.

KLINK, Edward W.; LOCKETT, Darian R. *Understanding Biblical Theology: A Comparison of Theory and Practice.* Grand Rapids: Zondervan, 2012.

LESCHERT, D. F. *Hermeneutical Foundations of Hebrews: A Study in the Validity of the Epistle's Interpretation of Some Core Citations from the Psalms.* Lewiston: Edwin Mellen Press, 1994.

LINTS, Richard. *The Fabric of Theology: A Prolegomenon to*

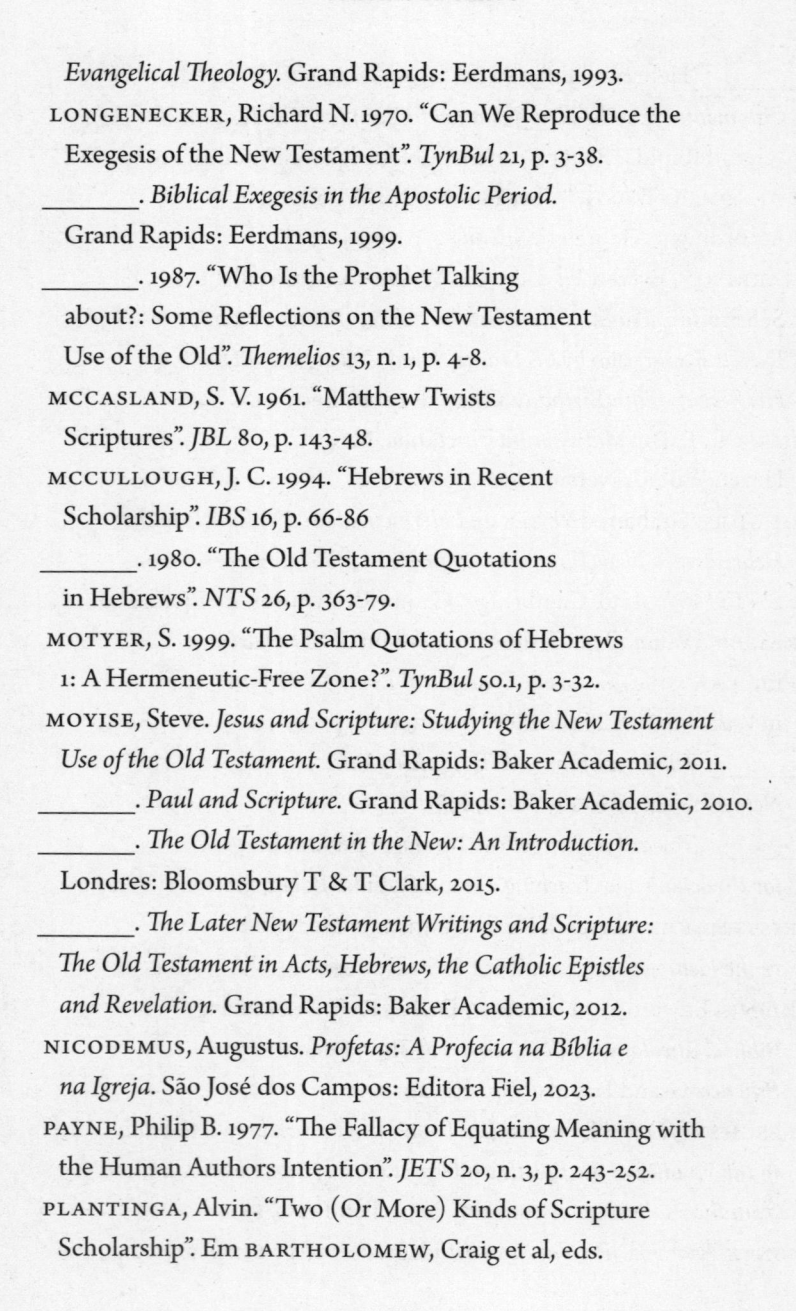

Evangelical Theology. Grand Rapids: Eerdmans, 1993.

LONGENECKER, Richard N. 1970. "Can We Reproduce the Exegesis of the New Testament". *TynBul* 21, p. 3-38.

_____. *Biblical Exegesis in the Apostolic Period*. Grand Rapids: Eerdmans, 1999.

_____. 1987. "Who Is the Prophet Talking about?: Some Reflections on the New Testament Use of the Old". *Themelios* 13, n. 1, p. 4-8.

MCCASLAND, S. V. 1961. "Matthew Twists Scriptures". *JBL* 80, p. 143-48.

MCCULLOUGH, J. C. 1994. "Hebrews in Recent Scholarship". *IBS* 16, p. 66-86

_____. 1980. "The Old Testament Quotations in Hebrews". *NTS* 26, p. 363-79.

MOTYER, S. 1999. "The Psalm Quotations of Hebrews 1: A Hermeneutic-Free Zone?". *TynBul* 50.1, p. 3-32.

MOYISE, Steve. *Jesus and Scripture: Studying the New Testament Use of the Old Testament*. Grand Rapids: Baker Academic, 2011.

_____. *Paul and Scripture*. Grand Rapids: Baker Academic, 2010.

_____. *The Old Testament in the New: An Introduction*. Londres: Bloomsbury T & T Clark, 2015.

_____. *The Later New Testament Writings and Scripture: The Old Testament in Acts, Hebrews, the Catholic Epistles and Revelation*. Grand Rapids: Baker Academic, 2012.

NICODEMUS, Augustus. *Profetas: A Profecia na Bíblia e na Igreja*. São José dos Campos: Editora Fiel, 2023.

PAYNE, Philip B. 1977. "The Fallacy of Equating Meaning with the Human Authors Intention". *JETS* 20, n. 3, p. 243-252.

PLANTINGA, Alvin. "Two (Or More) Kinds of Scripture Scholarship". Em BARTHOLOMEW, Craig et al, eds.

"Behind" the Text: History and Biblical Interpretation. SHS, vol. 4. Grand Rapids: Zondervan, 2003, p. 19-57.

POYTHRESS, Vern. 1986. "Divine Meaning of Scripture". *WTJ* 48, n. 2, p. 241-79.

SCHREINER, Thomas R. *Commentary on Hebrews*. BTCP, vol. 36. Nashville: B&H Publishing Group, 2015.

SCHROGER, F. *Der Verfasser des Hebraerbruefes als Schriftausleger*. Regensburg: Pustet, 1968.

THOMAS, K. J. 1964/65. "The Old Testament Citations in Hebrews". *NTS* 11, p. 303-25.

TOV, Emanuel. *The Parallel Aligned Hebrew-Aramaic and Greek Texts of Jewish Scripture*. Bellingham: Lexham Press, 2003.

WALTKE, Bruce K. "A Canonical Process Approach to the Psalms". Em FEINBERG, Charles L.; FEINBERG, John S.; FEINBERG, Paul, eds. *Tradition and Testament: Essays in Honor of Charles Lee Feinberg*. Chicago: Moody Press, 1981.

_____. "Is It Right to Read the New Testament into the Old?". *Christianity Today*, 2 de setembro de 1983.

WESTCOTT, Brooke Foss. *The Epistle to the Hebrews*. 3ª ed. Londres: Macmillan, 1903.

FIEL MINISTÉRIO

O Ministério Fiel visa apoiar a igreja de Deus de fala portuguesa, fornecendo conteúdo bíblico, como literatura, conferências, cursos teológicos e recursos digitais.

Por meio do ministério Apoie um Pastor (MAP), a Fiel auxilia na capacitação de pastores e líderes com recursos, treinamento e acompanhamento que possibilitam o aprofundamento teológico e o desenvolvimento ministerial prático.

Acesse e encontre em nosso site nossas ações ministeriais, centenas de recursos gratuitos como vídeos de pregações e conferências, e-books, audiolivros e artigos.

Visite nosso site
www.ministeriofiel.com.br